授業のユニバーサルデザインを目指す

「安心」「刺激」でつくる
学級経営マニュアル
すべての子どもを支える教師の1日

桂　聖・川上 康則・村田 辰明　編著
授業のユニバーサルデザイン研究会関西支部　著

東洋館出版社

はじめに

　全国各地でユニバーサルデザインを意識した授業が行われるようになってきました。学校あるいは市町村単位での取り組みも増えてきており、多くの教師の期待感を感じます。

　しかし、授業のユニバーサルデザインは、万能ではありません。荒れた雰囲気のクラスで、授業中どれだけ「焦点化」「視覚化」「共有化」を工夫しても、なかなかうまくいきません。共有化するために「ペア学習」を指示しても、子ども同士の人間関係が崩れていては「ペア学習」どころではありません。「授業のユニバーサルデザイン」は間違いなく「学級経営」に影響されます。

　授業のユニバーサルデザインが効果的に機能するクラスには、共通する「雰囲気」があります。それは「安心できる雰囲気」と「刺激的な雰囲気」です。ホッとできる時間とワクワクするような時間の両方が、一日の中にほどよくあります。

　本書では、「安心と刺激があるクラス」とは、どのようなクラスなのか、どのようにつくっていくのかを、具体的に紹介していきます。

　我々教師は、一日の中で様々な場面に身を置きます。朝、子どもたちを迎える場面、トラブルに対応する場面、掃除を指導する場面、学級通信を書く場面……。場面が様々あるということは、それだけ「安心と刺激があるクラス」をつくるチャンスがたくさんあるということです。

　本書には、そのチャンスを生かすポイントがぎっしり詰まっています。

　「授業のユニバーサルデザイン研究会　関西支部」は2010年1月に関西学院初等部で産声を上げました。研究会を積み重ねていく中で、関西学院初等部の先生の他に、関西のいろいろな学校から先生方が参加してくださるようになりました。どのみなさんも「すべての子どもを幸せにしたい」と願っている先生方です。そんな関西支部の先生方の熱い思いから誕生したのが本書です。

　本書を通じて、「安心と刺激のあるクラス」が一つでも多く生まれ、「わかる・できる」授業の実現につながっていくことを願っています。

　　　　　　　　　　　　　　　　　　　　授業のユニバーサルデザイン研究会　関西支部　代表
　　　　　　　　　　　　　　　　　　　　　　　　　　　　　　　　　村田 辰明

目次

はじめに ———————————————————————— 1

第1章 授業のユニバーサルデザインを支える学級経営

授業のユニバーサルデザインを支える学級経営 ———————— 6

支援が必要な子どもの輝かせ方と学級経営 ———————————— 12

「安心感があって刺激的なクラス」をつくる原則 ———————— 20

「安心」「刺激」でつくる学級【学級開き編】———————————— 28

「安心」「刺激」でつくる学級【学級継続編】———————————— 34

「安心」「刺激」で学級をつくる担任教師の一日

08:00	心を通わす朝の迎え方	42
08:10	子どもや保護者とつながる連絡帳	44
08:25	朝の会①　クラスが温まるしかけを	46
08:30	朝の会②　シンプルな健康観察と連絡	50
08:50	心が和らぎ集中できる教室環境づくり	52
09:00	"子どもを成長させる"忘れ物指導	56
09:30	クラス単位でできるSST	60
10:00	クラス全体での共有化を実現する席替えアイデア	62
10:25	仲間づくりにつながるトラブル対応	66
10:30	一体感を高める雨の日の休み時間	70
13:00	つながりを深める全員遊び	72
13:05	ひとりぼっちをつくらない休み時間	76
13:25	やる気が出てくる清掃活動	80

15:25	お互いの良さを認め合う帰りの会	84
15:30	「できそう」と思わせる宿題	86
16:00	子ども－保護者－教師をつなぐ学級通信	90
16:15	仲間づくりを支える日記指導	94
16:30	保護者対応は子どもの成長を第一に	96
16:50	子どもの良さを確認する記録の取り方	100

執筆者一覧 ———————————————— 104

第1章

授業のユニバーサルデザインを支える学級経営

　クラス全員がわかる・できる授業をしたいという思いを、教師はみな持っています。しかし、授業時間内での指導だけで、全員がわかる授業をつくることは困難です。授業に参加する姿勢、活発な発言、温かな雰囲気……授業を支えるこれらの要素をつくるには、前提となる学級経営が必要不可欠なのです。

　では、どんな考えで学級経営に取り組めば良いのでしょうか？　その疑問に答えるべく、第1章では、「授業を下で支える学級経営」という観点から、望ましい学級の姿と、そのつくり方を見ていきましょう。

授業のユニバーサルデザインを支える学級経営

桂　聖

1　授業のユニバーサルデザインとはなにか

指導の工夫と個別の配慮

どのクラスにも、気になる子がいます。発達障害がある子や、学力が劣りがちな子です。文部科学省が2012年に行った調査では、発達障害の可能性がある子は、クラスの6.5パーセント以上いるという結果でした。

授業のユニバーサルデザイン（以下、授業のUD）とは、気になる子に対する「指導の工夫」と「個別の配慮」によって、クラス全員の子どもが楽しく「わかる・できる」授業をつくることを目指すということです。

例えば、授業のねらいや活動を絞る（焦点化）、視覚的な手がかりを効果的に活用する（視覚化）、「挙手－指名」方式だけに頼らずに話し活動を組織化する（共有化）などです。こうした「指導の工夫」は、気になる子だけでなく、他の子に通じるものです。言わば「UD的な対応」です。

しかし、「指導の工夫」だけでは、学習活動が停滞する子がいるかもしれません。その際は「個別の配慮」が必要となります。

例えば、ヒントカードを与える、ふりがな付きの教材文を渡す、書く活動で助言をする、など。子どもの実態によっては、授業前の事前指導、授業後の事後指導が必要なこともあります。これらは、言わば「バリアフリー的な対応」です。

授業のUDとは、UD的な対応である「指導の工夫」と、バリアフリー的な対応である「個別の配慮」を合わせて行うものなのです。

授業のUD化モデル

授業のユニバーサルデザインは、1時間の授業だけの話には留まりません。それを表したのが、次の「授業のUD化モデル」（**図1**）です。

授業のUD化には、四つのレベルがあります。下から「参加」「理解」「習得」「活用」です。「参加」レベルとは、言わば「学習環境づくり」「仲間関係づくり」です。これらは、授業を支える基盤です。

「理解」レベルとは、楽しく「わかる・できる」授業をつくることです。先に述べたように、「焦点化」「視覚化」「共有化」などの指導の工夫が有効な手立てになります。

「習得」レベルとは、指導内容を身につけることです。1時間の授業が理解できても、数

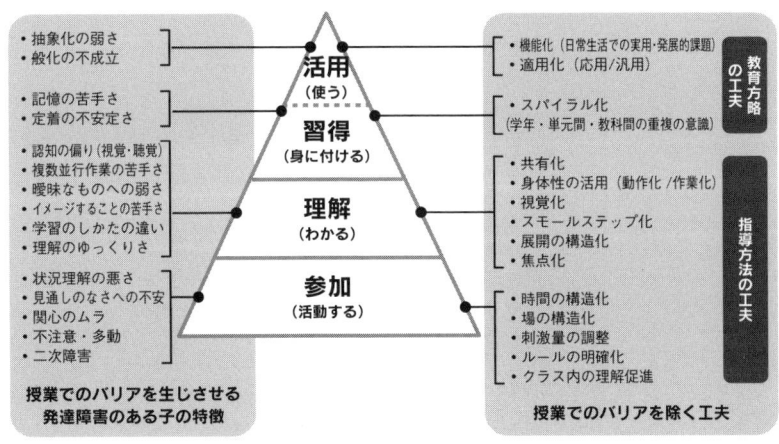

図1 授業のUD化モデル

か月後には忘れていることがあります。特に、発達障害の可能性がある子は、その傾向があります。段階的・系統的な指導や、教科・領域の横断的な指導が必要です。

「活用」レベルとは、学んだことを実生活に生かすことです。実生活に生かすことができてこそ、本物の学力と言えます。発達障害の可能性がある子は、生活に般化することが難しいと言われています。学習と実生活との関連を意識して指導していくことも必要です。

2 授業のユニバーサルデザインを支える学級経営

同じ授業にはならない

私は、全国各地の小学校で、飛び込み授業をさせていただくことがあります。

その際に、同じ学年で、同じ教材で、同じような授業展開で行うこともあります。

でも、同じ授業にはなりません。なぜなら、各学級で、子どもの実態が違うからです。

前向きで明るくて、発表ができる学級では、子どもが自分の言葉で話すので、授業の内容が深まることが多いです。

しかし、時々、おどおどしていて、ほとんど発表しない学級もあります。こうした学級では、子どもが話さないので、教師が一方的に説明する場面が多くなってしまいます。残念ながら、授業の内容は深まりません。

当該学年に必要な指導内容を指導されていない場合も、内容が深まりません。その場合、指導のねらい自体を変えることもあります。

授業は、その1時間だけで成立するのではなく、それまでの指導の成果の上で成立しているのです。

ただし、教科独自の指導内容の積み重ねも大切です。しかし、とりわけ、授業を支える学級経営は、授業の成否の鍵を握っています。

学級経営とは、先に示した授業のUD化モデルで言えば、「参加」レベルのUDです。

「理解」レベルとは、楽しくてわかる授業をつくること。授業のUD化と言えば、まず、それに目が向きます。

しかし、授業を支えているのは、「参加」レベルの学級経営なのです。

■ 発達の凸凹を前提にした学級経営

　発達障害とは、定型発達に比べて、発達の凸凹があるということです。

　しかし、学級の一人ひとりには、多かれ少なかれ、発達の偏りがあります。誰にも「よさ」もあるし、「苦手さ」もあるのです。

　これは、いわゆる「良い子」と「悪い子」がいる、という子ども観ではありません。どの子にも「良さ」や「苦手さ」があるという子ども観です。教師は、こうした考えを出発点にして、学級経営を行うことが大切です。

■ 学級経営における「指導の工夫」と「個別の配慮」

　授業のUDとは、気になる子への指導の工夫や配慮が、他の子にも通じるという考え方です。

　学級経営においても、それは同じです。苦手さがある子に対する指導が、他の子のためにもなるという「指導の工夫」の側面、それでも難しい場合には「個別の配慮」をするという側面があります。

　例えば、低学年では、机の上を片付けることが苦手な子がいます。ぐちゃぐちゃに置いてある机上の物に気を取られて、授業が集中できずに、手遊びを始めてしまいます。

　でも、全員の前で、いつも注意していると、その子は自尊心が傷つきます。そして、だんだんやる気も失ってしまいます。

　全員の前での注意ではなく、１年生の場合は、そもそも、授業の最初には、机の上に物を置かないという指導もできます。手遊びをする物がないので、教師や友達の話を集中して聞くことができやすくなります。必要に応じて、教科書、ノート、筆箱、下敷きを出させて、読解指導やノート指導を行えばよいのです。

　これは、机の上を片付けることが苦手で、授業に集中できない子に対する指導が、他の子の役にも立つという「指導の工夫」です。

　また、そうは言っても、机の上を片付けさせることが必要な場面もあります。それでも、全員の前で注意するだけではなく、例えば「全員起立。今から机の上を片付けます。片付けたら座りましょう」と全体に指示をしておき、全員が片付けている間に、教師はその子の近くに寄って、一緒に片付けます。そして、少しでも、自分で片付けたことを見つけて、ほめます。こうして苦手なところを目立たせないようにする「個別の配慮」も可能です。

　発達に凸凹がある子は、「苦手さ」も目立ちますが、「良さ」も目立つことが多いです。

　例えば、後片付けは苦手だけど、人目を気にせず、どんどんアイデアを話すことが得意な子がいます。また、友達とのトラブルは多いけど、人並み以上に計算が速い子もいます。「すごくいいアイデアを出すね！」「計算が速いねえ！」など、継続的に良さをほめ続けていくことが大切です。人間は、ほめられた方がやる気が出ます。教師のほめ方は、他の子の肯定的な見方も育てていきます。

　発達障害のある子だけではなく、誰でも苦手なところや得意なところがあります。苦手なところをしつこく言われても、直すことは難しいものです。苦手さよりも、良さに目を向けて育てていくことが大切です。

　「苦手さをしつこく直すことよりも、良さを生かす」ことは、保護者との関係でも大事な視点です。子どもの苦手なところばかりを注意しても、保護者の心は動きません。教師も、保護者の気持ちと同じように、子どもの苦手さに共感したいものです。その上で、子どもの良さも話します。教師が子どもの良さに目を向けてこそ、保護者の心は開かれるのです。

「信頼関係」を築く学級経営

学級経営の要諦は、「信頼関係」を築くことです。

教師と子どもの信頼関係、子ども同士の信頼関係、そして教師と保護者の信頼関係。これらの信頼関係が基盤にあってこそ、初めて授業が成立します。

信頼関係を築くには、発達の凸凹を認識した上で、学級経営における「指導の工夫」や「個別の配慮」が必要です。

本書の第2章では、「刺激」と「安心」をキーワードにして、「参加」レベルで、信頼関係の基盤をつくるアイデアを述べています。これらは、学級経営で必要な「指導の工夫」や「個別の配慮」です。

ちなみに、授業や学校行事を通して、信頼関係をつくることも大切です。「〜くんの考え方の良さがわかる」「〜さんが助けてくれた」など、授業や学校行事を行っていくほど、信頼の絆が深まっていくようにしたいものです。

3. 「仲間関係」や「話し合う力」を育てるフリートーク

フリートークとは

最後に、「参加」レベルで「仲間関係」を築き、しかも「話し合う力を育てる」ための有効な活動を一つ紹介します。「フリートーク」です。

教師は、子どもたちがどんどん発表してくれる授業をつくりたいと願っています。しかし、発表が苦手な子もたくさんいます。スピーチ活動も取り入れても、話し合い活動で生かせないこともしばしばです。スピーチ活動は独話なので、対話的な話し合い活動にはあまり向きません。

スピーチ活動ではなく、楽しい話し合い活動を継続的に練習してみてはどうかと考えました。それが「フリートーク」です。

「フリートーク」とは、話題提供者が提案して、それをめぐって全員で話し合う（「基調－提案」検討方式）活動です。

15分程度の時間を使って、次の手順で進めます。

① 話題提供者による提案
　まず、話題提供者が「みんなに尋ねたいこと」「みんなの意見を聞きたいこと」などの話題を提案する。話題に対する自分の考えも述べる。
② 参加者による話し合い活動
　提案についてクラス全員で話し合う。話題提供者が司会をする。二人の板書係が発言者名をネームカードで示しながら発言内容を板書する。
③ 話題提供者によるまとめ
　10分間で話し合い活動をやめ、話題提供者は話し合い活動を受けて話題に対する自分なりの結論を話す。
④ 振り返り
　話し合い活動における発言内容や発言方法のよさや課題について、教師がコメントする。

フリートークの進め方

次はフリートークの一例です。身近な話題について次のように進めます。

> ① 話題提供者による提案
> M男（話題提供者）…ぼくは、朝、起きるのがとても苦手です。目覚まし時計のベルを無意識に止めてしまいます。それで、いつもお母さんにしかられます。朝、起きるのが得意になるためには、どうすればいいですか？
> ② 話し合い活動
> A子…私も夜遅く寝ると起きられないので、早く寝る方がいいと思います。
> B男…目覚まし時計は、一個だけではなくて、二個、三個と使えばいいと思います。
> C子…私は、B男君の意見に付け加えて、三個の目覚まし時計を寝床から少しずつ離して置いていけばいいと思います。ベルを止めていくうちに目が覚めると思います。
> D子…「明日、絶対何時に起きるぞ！」と、めあてを立てていますか。私は、寝る前に、それを言って寝るようにしています。
> ③ 話題提供者によるまとめ
> M男（話題提供者）…みんなの意見を聞いて、まずは夜早く寝るようにしたいと思います。そして、B男君やC子さんが言ったように、目覚まし時計を三個買って、置き方も工夫してみます。
> ④ 振り返り
> 教師…話題提供者のM男君が様々なアイデアをまとめて話したのが良かったね。
> M男君、早起きがんばってね。

身近な話題をめぐってフリートークを継続的に行っていくことで、話し合い活動に必要な発言技術を習得しながら、仲間関係を深めていきます。

発言技術を学級の共有財産にする

振り返りの時間では、教師が子どもの発言の仕方の良さを取り上げて、それを学級の共有財産にします。「〜君は、自分の考えと理由を言っていたところがいい」「〜さんの発言の仕方の良いところがわかったかな。そう、たとえを使っていたからわかりやすかったね」のように話します。

以下は、発言技術のリストアップです。「構成の工夫」「意見の関連づけ」「表現の工夫」という三つにわけることができます。その発言の観点と話形の具体例を示しました。

ただし、これはあくまでも教師の頭にあるものです。これを一覧表にして子どもに配るのではありません。子どもの発言の良さを取り上げて評価しながら、少しずつこれらを学級の共有財産にしていくことが大切です。

> ① 構成を工夫して話す
> ●主張＋理由の順序（頭括型）で話す
> 「〜です。それは〜だからです」
> ●主張＋理由＋主張の順序（双括型）で話す
> 「〜です。それは〜です。だから〜です」
> ●理由＋主張の順序（尾括型）で話す
> 「〜です。だから〜です」
> ●ナンバリングやラベリングをして話す
> 「三つあります。一つ目は〜。二つ目は〜。三つ目は〜」
> ●理由に対して反論する
> 「〜はおかしいと思います。なぜなら〜」
> ●イエスバット法で話す
> 「確かに〜です。でも〜」
> ●イエスアンド法で話す
> 「確かに〜です。だからこそ〜」
> ② 意見を関連づけて話す
> ●異同を明らかにして話す
> 「〜さんと違って」「〜君と同じで」
> ●立場を明らかにして話す
> 「〜さんに賛成です」「〜君に反対です」
> ③ 表現を工夫して話す
> ●例を挙げて話す
> 「例えば〜」
> ●エピソードを話す
> 「〜をしたことがあるけど」
> ●会話文を挿入して話す
> 「〜と言っていたけど」
> ●比喩を使って話す
> 「まるで〜みたい」
> ●擬態語・擬声語を使って話す
> 「〜な感じで」
> ●語りかけながら話す
> 「〜でしょ」「〜だよね」
> ●問いかけを挿入して話す
> 「なぜでしょうか」

●挙手を促しながら話す
「～だと思う人は手を挙げてください」

話題のタイプ

フリートークの話題には、四つのタイプがあります。「情報提供型」「想像型」「悩み型」「対立型」。これらの話題を適切な時期や順序で指導していきます。以下は、各話題の具体例と留意点です。

> ① 「情報提供型」の話題
> ・「学校の近くでおいしいお店は？」
> ・「おすすめの本は？」
> ・「休日のおすすすめの遊びは？」
> 誰もが情報として話せることを話題にします。一人ひとりが知っていることや経験したことを話すので、誰もが気楽に話せます。
> ② 「悩み型」の話題
> ・「平泳ぎが上手になるには、どのように練習すればいいか？」
> ・「二重跳びを跳ぶコツは何か？」
> 自分が悩んでいることを話題にします。先に例に挙げた「朝早く起きるにはどうすればよいか？」もこの悩み型です。
> ③ 「想像型」の話題
> ・「もし百万円が宝くじで当たったら、何に使う？」
> ・「もしも自分が校長先生だったら、どんな行事を新しくつくるか？」
> 「もしも～だったら？」と考える話題。面白く想像できるので、楽しく話せます。
> ④ 「対立型」の話題
> ・「給食と弁当、どちらがいいか？」
> ・「小学生がケータイを使うのに賛成か、反対か？」
> 対立的に討論する話題です。まず、主張と理由を話し、そしてその理由について反論します。反論する際には、相手の意見を引き受けて自分の考えを話せる（イエスバット法）ように指導します。論理的に話したり聞いたりする力を高めることができます。

最初は「情報提供型」の話題を教えます。この話題で、全員が発言できることの面白さや価値を感じ取れるようにします。

次に「悩み型」と「想像型」を教えます。悩み型では、話題提供者の悩みについて、クラスの仲間がアイデアを出し合っていきます。温かい雰囲気の話し合い活動になります。想像型では、突拍子がないアイデアがたくさん出てくるので、楽しい雰囲気の話し合い活動になるでしょう。「悩み型」や「想像型」で、クラスの仲間で温かく話し合うことや、楽しく話し合うことを感じ取らせたいものです。

こうした話題のフリートークでクラスの仲間関係をつくった上で、「対立型」の話題を教えます。仲間関係がなければ、意欲的に発言したり、フラットに反論したりすることは難しいからです。

「①情報提供型→②悩み型・想像型→③対立型」という順序で話題をフリートークしていくことを通して、仲間関係をつくりながら、話し合う力を高めていくのです。

ちなみに私は、以前、毎日の朝の会でフリートークを行っていました。しかし、固定的に考える必要はありません。朝の会がない学校もあります。その場合、週に一回行う、国語の時間の初めに行う、など工夫すればよいでしょう。

参考文献
・桂 聖 著『国語授業のユニバーサルデザイン』東洋館出版社、2011
・桂 聖 他 編著『授業のユニバーサルデザイン vol. 5』東洋館出版社、2012
・桂 聖 著『クイズトーク・フリートークで育つ話し合う力』学事出版、2006

支援が必要な子どもの輝かせ方と学級経営 —タイプに合わせた関わり方のコツ—

川上康則

1 個別の支援の充実のために、まずは学級経営の充実から

　特別支援教育の導入にともない、通常の学級における発達障害がある子どもへの支援が取り上げられるようになりました。発達障害についての理解が広がり、ちょっと前までは耳にすることが多かった「うちのクラスには、支援を要する子などいません」という話も、今ではほとんど聞かれなくなってきました。

　当初、通常の学級における特別支援教育は、「個別の支援のあり方」が積極的に論じられてきました。例えば、ADHD（注意欠如多動性障害）の特徴を示す衝動性が高い子どもであれば離席しても問題にならない役割を用意しておこうとか、書字につまずきがあるLD（学習障害）が疑われる子どもには個別のプリントを準備しておこうといった考え方です。もちろん、これらは彼らにとって必要な支援であり、決して間違っていません。

　ところが、個に"特化しすぎた"支援を行うことでかえってクラスが荒れてしまう、という事例が相次いで報告されるようになりました。「なぜAくんだけが許されるのか？」という気持ちを抱く子どもはクラスの中に少なからず存在します。個別の支援が、教師への反発を招くきっかけになってしまったり、「Aくんだけ特別ね」「Aくんは楽できていいね」といったからかいを助長してしまったり…これでは、せっかくの支援も空回りしてしまいます。

揺らがない安定感のあるクラスをつくる

　そこで、「個別の支援のあり方」を前面に押し出した特別支援教育を論じるよりも前に、まずは、安定的で揺るがない学級を築くことが大切だと言われるようになってきました。

> ① 一人ひとりの存在が認められ、
> ② 学級の一員としての役割意識を持ち、
> ③ 目標と規範を共有し、
> ④ 全体の問題解決能力（自浄作用）が育ち、
> ⑤ 少々のことでは動じないようなクラス

　安定したクラスには、上記の要件が備わっていますが、当然のことながら一日では出来上がりません。一年という時間をかけて、クラスを醸成させていく覚悟が必要です。

「学級崩壊」のとき発達障害のある子は……？

　筆者は、「学級崩壊状態なので、クラス全体を見てほしい」と支援を依頼されることがあります。教師の指示にはほとんど耳を傾け

ず、子どもたちは授業と無関係な会話・行動を続けています。離席・不規則発言・教室からの逸脱も頻繁に起きます。教師の表情からは動揺がはっきりと感じられ、授業は全くと言っていいほど進みません。保護者からの訴えに応え、他の教師が授業中に監視をするようになると、さらに反発を招きます。

なぜ、こうなるのでしょうか？ 子どもの側に立てば、以下のように分析できます。

> ① 授業がおもしろくない（それでも話を聞けと注意されるので不満）
> ② 教師のほめ方や叱り方に一貫性がない（えこひいきが強いと感じる）
> ③ クラス内で共有すべき価値観となる学級目標や規律が機能していない

まるで「無法地帯」と化した教室で、最も混乱するのは発達障害がある子どもたちです。

まず、注意散漫な子はクラスの賑やかさに敏感に反応します。反応が大きいがゆえに周囲の友だちから叱責のターゲットにされます。

また、相手の気持ちに立つことが難しい自閉症スペクトラム障害がある子どもたちは、いじめやからかいのターゲットになることがあります。耳元で本人にとって不都合なことをささやかれたり、指で脇腹を突かれたりしてパニック状態になります。暴れ出すところまで追い込んで、大勢で一斉に取り抑えます。

周囲の子どもたちは発達障害がある子どもたちの弱みを利用して、あたかも「オレたち、"正義"を実践しています」といった自分たちの行動を正当化しようとすることがあるのです。こうした負のループに陥らせないためにも、学級経営は極めて重要です。

教室を安定したクラスに育てていく学級経営は、授業のユニバーサルデザインを進めていくためにも、また個別の支援を進める上でも必要不可欠であると言えるでしょう。

2. 発達障害がある子も輝く　公平感のある叱り方のコツ

発達障害がある子への関わり方の基本として、これまでは「ほめて育てる」ことが強調されてきました。保護者や子どもの権利意識の高まりも背景にあり、ますます叱りにくい状況が生まれてきています。しかし、人が育つためには、ほめられることも叱られることも必要です。「ほめる」ばかりが肥大化して、「叱ってはいけない」という誤った解釈にすり替えられてしまうことだけは厳に慎まなければなりません。

叱る原則を明確にする

なぜ、私たちは子どもを叱り、行動を正そうとするのでしょうか。それは「その子の価値を高めるため」です。育ちに結び付く「叱り」を常に心がければ、感情に任せて頭ごなしに叱りつけるようなことはありません。

叱るときは、切実さがなければ子どもの心に響きません。教師が自らの全人生を背負って、「今ここで、あなただからこそ伝えたい」という切実さ、真実味を込めて叱ります。

その一方で、発達障害がある子どもの中には、叱られていても「自分が今、なぜ叱られているのか」が理解できない子がいます。そのような場合、どんなに切実さを込めて叱っても、子どもに気持ちが伝わりにくいため指導の糸口が見いだせなくなることがあるかもしれません。そこで、叱る基準をクラスの子どもたちに事前に明示しておきます。こうす

ることで、全体に対して公平感のある叱り方を意識づけることができます。

> **絶対に見過ごさず、必ず叱ります！**
> ①傷つく危険（身体・心・命）があるとき
> ②他者の不幸の上に自分の幸せを築こうとする（いじめ・暴言等）とき

普段のコミュニケーションで叱れる間柄に

叱りの効果を高めようとするなら、日常場面でのコミュニケーションは欠かせません。子どもが教師の言葉を素直に受け止めることができるのは、日常生活での遊びや会話を通した信頼関係が土台にあるからです。一人ひとりの子どもの興味・関心・持ち味・いいところを、会話を通して伝え、叱ったときに心に響かせるような信頼関係を築きます。

保護者を味方にする

保護者との信頼関係の構築も重要です。保護者とは、子どもを育てるチームの一員であるという意識を共有します。保護者の心をとらえ、学級経営の応援団になってもらうのです。「あの先生に任せておけば大丈夫」「先生の話をしっかりと聞くように」と家庭で話してもらえるようになるためにも、保護者とのコミュニケーションを大切にしたいものです。

多動的・衝動的な子どもはクラス内でのトラブルが多く、放課後に家庭に電話等の連絡を入れる機会が多くあります。しかし、**図1**に示すように、問題が起きたときだけの対応を続けていると、保護者は精神的に追い込まれますし、教師に対する不信感も生まれます。むしろ、その子の素晴らしさを伝える機会を積極的に設定するようにしましょう。

また今日も、悪さをしました。家庭でよく言い聞かせて下さい。

もっと強く言い聞かせなくちゃ。
「何度同じことを言わせるつもり？！」
「どうしてあなたは、いつもいつも……」

★せめて、何を、どのように言い聞かせると効果的か伝えましょう。
★「私がもう少し早く気づいていたら……」「次からは○○という工夫をして……」と教師の反省・工夫を伝えましょう。

図1 保護者を追い詰める関わりの例

3 一人ひとりの自尊感情を高める ほめ方のコツ

発達障害の有無に関わらず、子どもはみな誰かにほめられたい、認められたい、必要とされたいという気持ち（承認欲求）をもっています。ほめ上手な教師は、学級を安定させる力があります。

発達障害のある子どもへの関わり

発達障害がある子どもの多くは、教師やクラスメイトから認められる機会が少ないようです。わざわざ大人にかわいがられないような言動を続けるため「この子はほめどころがない」と言われてしまう子どももいますし、周囲は意識的に認めているにも関わらず、ほめられたことに気づけない子どももいます。

近年、発達障害の二次的な症状として「自尊感情の低下」や「学習性無力感（Learned helplessness）」（長期にわたって失敗を繰り返し、「もう学習をしても無駄だ」と考える状況に陥ること（いわば、失敗経験のループ・

負のスパイラル））などが注目されています。教師の立場からすれば、「弱い部分を克服し、自信をつけさせてあげたい」と考えてしまうものですが、失敗経験が積み重なった結果、子どもが「どうせボクなんか……」「何をやってもダメだから……」といった気持ちを強くしてしまうことがあるのです。

そこで、弱点を克服したときや結果を出したときにほめようとするのではなく、得意な部分を伸ばすという発想でほめるようにします。菅野（2009）は、**図2**を示した上で「得意な部分を伸ばすということが、結果的に不得意を解消したり、弱点を小さくしたりすることになる」と説明しています。得意な部分や強みを生かすほめ方を心がけるようにします。

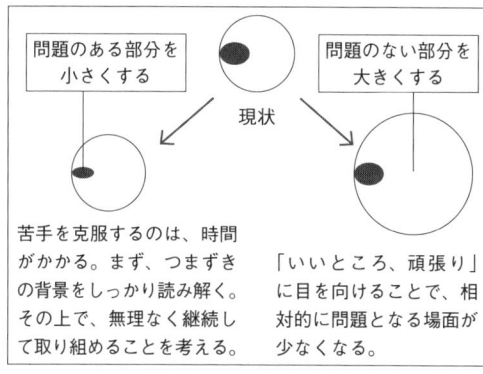

図2 得意な部分を伸ばすつまずきへのアプローチ（菅野，2009を参考に）

努力の継続を促すほめ言葉を

MuellerとDweck（1998）は、子どものモチベーションを高めるほめ言葉について研究しました。その結果「よくできたね」や「えらいね」というよりも、「一生懸命頑張ったね」や「やりきったね」などの"努力"をほめる言葉の方がより高い効果を得ることができた

と報告しています。"結果や才能"をほめる言葉は、その瞬間は子どももうれしく思いますが、次回以降失敗を警戒して簡単な課題を選ぶ傾向があるそうです。それに対し、"努力"をほめる言葉をかけられた子どもは、より積極的に難易度の高い問題に挑戦しようとする傾向があったといいます。

教室でも同じです。一時的な成果・できばえよりも、努力の継続を促すようなほめ言葉を積極的に用いるようにします。「やり切ったね」「全力で挑戦したね」は、それを可能にします。

ほめるタイミングを逃さない

発達障害がある子どもの中には、「さっきは頑張っていたね」とほめられても、ピンとこない子がいます。特に、ワーキングメモリーの弱さや、他者視点（人からどう見られているかという感覚をもつこと）の理解の困難さがある子どもにとっては、先生が話す「さっき」とはいつ、どの場面のことを言っているのかよくわからないことが多いのです。「その瞬間」を逃さないようにしましょう。

ほめるタイミングを逃さないコツは、短く太くほめることです。**図3**に具体的な方法を示しました。

```
1  感嘆詞を使う
   おー！（感嘆）、おっ！（感心）、うん！（同意）
2  行動をそのまま2回言う
   うん、書いてる書いてる！
3  続けるべきであることを伝える
   そう、それそれ！ その調子！ そのまま続けて！
   大切なのは、「言い方」より「タイミング」。
```

図3 短く太くほめるコツ

4 まずは教師の自己分析！タイプ別 子どもとの関わり方

ここから、タイプ別に傾向と留意点を示していきます。まずは教師の指導タイプの分析から行います。自分の指導のスタイルを知っておくことで、課題と留意点を理解しておくことができ、意図的・計画的な学級経営を進めていくことができるはずです。

4つのタイプに分類

指導者のスタイルを判断する軸は多種多様ですが、ここでは、図4に示すように、「子どもへの介入の早さ（縦軸）」と「物事に対する受け止め具合（横軸）」の2軸で分析し、4つのタイプに分類することとします。

【Aタイプ】 几帳面で積極的な教師

規律を重んじ、ほめたり叱ったりする際のタイミングに見過ごしが少ないタイプです。周囲からも勘がよい、頼もしい教師だと思われているところがあります。ただ、子どもが自ら気づかなければいけない場面でも先回りして教えこんでしまうことがあります。思春期等の年代に合わせて、子どもに気づかせるような意図的なゆるさを持ち合わせておくとよいと思います。

【Bタイプ】 几帳面で受容的な教師

子どもに寄り添うことを信条とするタイプです。基本的に優しいので子どもたちからも人気があります。ところが、寄り添いすぎるあまり、叱るタイミングを見逃していたり、子どもができることに対しても手助けしすぎてしまったりするところがあります。子どもたちの力を信じ、「してあげ過ぎ」にならないように心がけておくとよいと思います。

【Cタイプ】 ゆるやかで積極的な教師

子どもの自主性に任せることを大切にするタイプです。もともと小さなことはそれほど気にしない、おおらかな性格であることが多いようです。子どもたちが自ら考えて動くことを大切にします。

ところが表面的にはこのタイプであっても、明確な答えを教師が示さなければならない場面で「お前、この年齢なのだから、いちいち言わなくてもわかるだろう」というような曖昧な指示が多く、子どもを混乱させていることに気づけていない教師がいます。自分の見方を過信してはいけません。時には、意図的に子どもに方向性を示す機会も必要です。

【Dタイプ】 ゆるやかで受容的な教師

「子ども主体」を強く意識するタイプです。一見、子どもたちと仲良しに見えますが、実際には子どもから下に見られているといったほうがよいかもしれません。学級崩壊の危険性が極めて高いタイプだと言えます。日々、教師が主導権・決定権を掌握できているかど

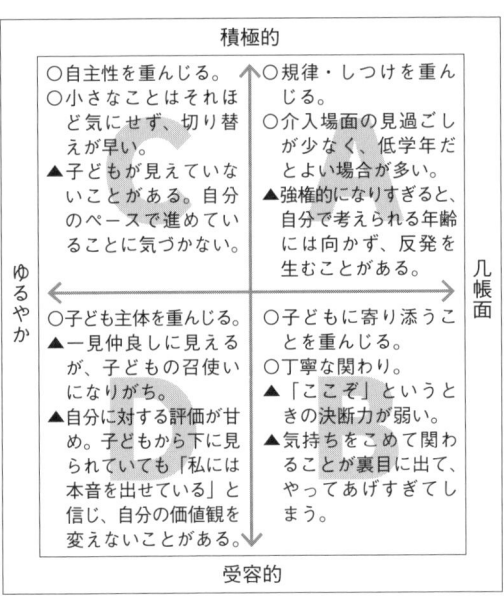

図4　タイプ別　教師の特徴（木村他, 2014）

うかがポイントになります。

　ここでいう「主導権を握る」というのは、単純に教師と生徒を主従の関係におくということではありません。主となって物事を動かし進めていくのは教師である、と子どもたちが理解することを言います。教師が「堂々と」「毅然と」かつ「おだやか」なふるまいを貫いていないと、子どもたちが「自分たちが主導権を握ってよい状況なのだ」と混乱してしまうのです。

　教師が主導権を掌握できているかどうかの確認は、日常のあらゆる場面で行えます。例えば、右のような場面を意識的に設定し、確認しながら学級経営を進めていきましょう。

> ① 行動を起こす前に、子どもに「〜していいですか」と許可を求めさせる。
> ② 「どうぞ」と教師が伝えてから動くことができるようにする。
> ③ 終了時に「できました」「終わりました」と子どもに報告させる。
> ④ 「待って」とストップをかけられたときに、子どもが行動を制止できるようにする。
> ⑤ 教師に援助を求めるときに「手伝ってください」と言わせる。
> 　　　　　　　　　　　　　　　　　　　など
> 　子どもが適切な行動を取れたときには、すぐに「ありがとう」などのプラスのフィードバックを行いましょう。逆に「うん」「はい」「わかりました」「…（無言）」等は、実は子どものモチベーションを下げるフィードバックなので気をつけましょう。

5　7つのタイプ別　支援が必要な子どもの輝かせ方

　ここでは、タイプ別に7つのつまずきへの対応について整理します。ただし、「こうすれば絶対にうまくいく」というマニュアルではないことをご理解ください。また、「〇〇な子」という新たなレッテル張りにならないよう注意してください。

　支援が必要な子どもへの関わりを知っておくと、教師としての対応力の幅が広がります。関わりの糸口が見いだせないときこそ、子どものせいにせず、「自分を成長させてくれる存在」と考えるようにすることが大切です。

（1）キレやすい子

　友だちとの行き違いがあると、すぐに手が出てしまう子がいます。いかなる場合でも、暴力や乱暴さで解決を図ろうとするのは好ましいこととは言えません。特に、相手に対するケガの危険性がある場合は、きちんと叱ります。しかし、叱るだけでは、好ましい行動は身につきません。また、キレやすい子は、そもそも行動を禁止・制御すること自体が苦手です。

　そこで、行動の背景要因を踏まえた指導を行います。**図5**に示す「氷山のモデル」のように、背景要因は直接的に見える形で示されているわけではありません。手が出てしまう子の多くが、感情を言語化することが苦手であるという背景を持っています。特に、悔しい、もどかしい、情けないといった感情言語を整理できていない場合が多く、結果的に「あの子ズルい」「あいつムカつく」「あの子が〇〇したせいだ」と外向きに気持ちの整理をするクセがついてしまっています。

図5　行動の背景要因を探る

人のせいにするのではなく、「悔しかった」などの自分の感情を表現する指導を丁寧に行うようにします。

（2）授業中の他児妨害がみられる子

授業中にふざけてしまう子がクラスにいると、どうしても注意してしまうことが多くなります。ところが、叱ってばかりいると、しっかりと授業を聞きたい子どもたちの気持ちが授業からどんどん離れていきます。

叱る前に、その子に学習面につまずきがないか確認します。もし、読み書きの困難さや学力の低さが背景にあるのだとすれば、授業妨害を叱っても根本的な解決にはなりません。本当の解決は授業がわかり、自信をもって授業に参加できるようになることです。したがって、注意するよりも前に学習支援を行う必要があります。

子どもが素直に「わかりません」「教えてください」と言えるようになるためには、日常の信頼関係の構築が欠かせません。「わからないって正直に言ってくれると先生は助かるよ」と伝え、子どもの心の中にサポートを受け入れる土台をつくります。そして、わかろうとする努力を応援し、「きっとできる」と励ますようにします。

（3）姿勢が崩れやすい子

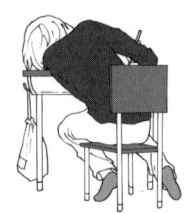

図6　姿勢が崩れてしまう子（川上, 2010より）

クラスには、図6のような姿勢が頻繁に見られる子が少なからずいます。姿勢の崩れの背景要因には、姿勢を保つだけの身体感覚が十分に育っていないということがあります。「意欲に欠ける」「態度が悪い」といった誤解を受けることが多いので、注意して下さい。

姿勢の崩れは、一朝一夕には改善しません。治そうとするよりも、姿勢がよい時を見過ごさずに、すかさず「姿勢いいよ」と声をかけてあげた方が教師の意図が伝わります。

わかったら全員立ち、となりの人と話し合い、終わったら座る……といった姿勢転換の場面を授業中に設定するのも良い方法です。

（4）何度叱っても同じことをする子

何度叱っても同じ間違いを繰り返す子の背景には複数の要因が関係していることが多いのですが、多くの子に共通して見られるのはワーキングメモリーのつまずきです。「○○してはダメ」「△△しようね」と言われたその場ではわかるので、「ごめんなさい、ごめんなさい」と繰り返し謝ります。しかし、ちょっと時間が経つとすぐに忘れてしまうのです。反省文を何度も書かせ、そのたびに裏切られたような気持ちになった教師も多いのではないかと思います。

長い説明、たくさんの言語指示は好ましくありません。守るべきルールを限定し、指示内容を複雑にしない、というのが基本的な関わり方です。「何度言わせればわかるの！」と叱るのではなく、行動を一度止めて、「伝え方が悪かったから、もう一度言うよ」と確認し直すようにします。

（5）行動が遅い子

集団での活動に対し、どうしても出足が遅い子がいます。いくら「早くしろ」と叱ってみても、行動が見違えたように早くなるということはありえません。その子の背景を踏まえると、もしかしたら現在の状況でも本人なりに頑張っているのかもしれないのです。

行動を早くすることは難しくても、自ら動きたくなるような環境づくりを進めることは

できます。例えば、クラス全体で「時間貯金」に取り組むというのはどうでしょうか？「今から5分で片づけます」と指示し、「5分よりも早く片づけ終えたら、その時間は貯金します」と続けるのです。コツコツ秒単位で貯金した時間が1時間分貯められたところで、お楽しみ会を開きます。授業開始や教室移動で遅れが出た場合は、時間貯金から差し引いていくということもできます。いずれにしても、楽しみながら自然に行動が早くなっていくように育てていくことが大切です。

(6) 人が傷つくことを平気で言う子

相手の短所や家庭の事情など、人が言われて傷つく言葉をズバズバ言う子の場合、もしかしたら相手の気持ちに立つことが難しいという背景があるのかもしれません。「相手の気持ちを考えて」や「自分が言われて嫌なことはしない」と伝えても、行動が改善されずに終わってしまうことが多いはずです。

指導する場合は、具体的に一つずつ確認するように進めていきます。例えば……

> ① 今、何をしたか（言ったか）
> ② 何を期待して行動したのか
> ③ それなら、こうする（言う）べきだ

というような三段構えで望ましい行動を教えていくとよいと思います。他にも、求められているソーシャルスキルを、**図7**のようにイラストにして伝えるという方法もあります。

図7 ソーシャルスキルを学ぶイラスト

(7) お試し行動が激しい子

教師をからかったり、注意を引くような行動を繰り返したり……。教師の動揺を誘うような行動を「お試し行動」と呼びます。質問のような形に見せかけた「何で△△しなきゃいけないんですか？」「どうして○○は、しちゃダメなんですか？」というのもお試し行動に該当します。

時には保護者も巻き込まれていることがあります。学校で叱った後、帰宅してから保護者に「僕はなにも悪くないのに叱られた」と話し、それに大人が振り回されてしまっているケース等は最近特に増えています。

教師の心を揺さぶる気持ちと、「ここまでしても先生は見捨てないよね」という愛情確認の気持ちが込められているので、完全に遮断してしまうと信頼関係が築けなくなります。難しいところですが、少しは揺さぶりに乗ってあげ、それでも教師としての譲れない一線を崩さないという方針を貫くようにします。

お試し行動が激しい子どもに対しては、数時間の勝負を余儀なくされる場合があります。それでもぶれずに、「先生が示す基準は、あなたを価値のある人に育てるための、世の中に通じる規準」ということを伝え続ける勇気を持ちましょう。

参考文献

・川上康則（2010）『〈発達のつまずき〉から読み解くアプローチ』学苑社
・菅野純（2009）『わが子の「やる気スイッチ」はいつ入る？』主婦の友社、pp.122-124
・木村順・川上康則・加来慎也・植竹安彦 編著、発達障害臨床研究会 著（2014）『発達支援実践塾 開けばわかる発達方程式』学苑社
・Mueller, C. M. and Dweck, C. S. (1998), "Praise for intelligence can undermine children's motivation and performance," Journal of Personality and Social Psychology, 75 (1) pp. 33-52

「安心感があって刺激的なクラス」をつくる原則

村田辰明

1 「安心」と「刺激」があるクラス

授業をユニバーサルデザイン化するだけでは難しい

　授業のユニバーサルデザイン研究が全国的・加速度的に広がっています。校内研修のテーマに、「ユニバーサルデザイン」という言葉が入っている学校が増えてきました。それらの学校の指導案には、授業をユニバーサルデザイン化する際のポイントである「焦点化」「視覚化」「共有化」を強く意識した支援が並んでいます。

　例えば、「共有化」する上で有効であるとされている「ペア学習」は、多くの授業者が取り入れています。最近は「ペア学習を入れさえすればよいのか」といった批判もあり、「ペア学習で何を共有化するのか」「どのタイミングでペア学習を行うのか」などをよく考えた授業が増えてきています。

　しかし、適切なタイミングでペア学習を行っているにもかかわらず、ペア学習が成立しない場面を目にすることがあります。お互いが一方的に話して相手の考えを聴こうとしないペア。一見盛り上がっているように見えますが、互いに攻撃的で次第に険悪な雰囲気になっているペア……。

　それらは、まだ話しているだけいい方で、そもそも話をしようとしないペアもあります。「熟考ゆえの沈黙」とは全く異なる「互いの出方を警戒するゆえの沈黙」です。顔を合わせることすらしようとしないペアもあります。活動自体が始められないレベルです。実に重い雰囲気です。この険悪で重い雰囲気が、特定のペアだけでなく、多くのペアに生じてしまうと、もう授業にはなりません。

　なぜこのようなことになるのでしょうか。ペア学習で何を話題にするか、ペア学習をどのタイミングで行うかなど、ペア学習そのものの良し悪しだけを問題にしていても、答えはみつかりそうにありません。授業をユニバーサルデザイン化する以前の問題があるようです。

　すると、やはり普段の授業や生活における人間関係、学級経営の質に着目せざるをえません。「この子、嫌い。話したくもない」と思っている子どもは、相手の子と話すこと自体に大きな抵抗感を感じるでしょう。「勉強は面倒」と思っている子は、ペアで話すことさえ億劫でしょう。「この先生は信用できない」と思っている子どもにとって、教師が指示するペア学習は、抵抗すべき学習活動でしかあ

りません。クラス全体に極端なマイナスの感情が横たわっている限り、教師の手立ては機能しません。

この状況は、とりわけ発達障害のある子どもにとってはより厳しい状況です。発達障害のある子どもの多くは、関係や環境に依存する傾向が強いからです。周囲の子どもたちからのマイナスの感情に最も影響を受けるのが、困り感を持っている子どもたちです。

「安心」と「刺激」は不可欠

日々の関係性が学習活動を阻害することがある一方で、良好な関係性に救われることもあります。さほど工夫された発問でないにもかかわらず、その後の話し合い活動が予想以上に活性化することがあります。その要因が、そのクラスの雰囲気のよさに求められることを我々教師は幾度となく経験しているはずです。

よい雰囲気を持っているクラスには二つの特長があります。

一つ目は、安心感に満ちていることです。

二つ目は、刺激があるということです。

安心感のあるクラス

安心感のあるクラスとは、「子ども一人ひとりが他者（仲間、教師）を信頼し、自分の存在が丸ごと受け入れられていることを実感できるクラス」です。

丸ごと受け入れてもらっている感覚があるから、正答・誤答にかかわらず、友達の前で素直に表現できます。伝えることに抵抗感がありません。仲間に受け入れられている子どもは、自分も仲間を受け入れようとする傾向が強くなるので、相手が考えていることへの関心も高くなります。伝えたい、聞きたいという意識が高く、ペア学習をはじめ積極的に話し合い活動に参加しようとします。

また、安心感のあるクラスには、互いの気持ちを大切にしようという雰囲気があります。間違いや弱さに対する寛容性が高く、励ましの言葉やアドバイスが多く聞かれます。この支えようとする言動が、学習や話し合い活動に苦手意識をもっている子どもに自信と積極性を与えます。多少学習の難易度が高くなっても、安心感のあるクラスでは、得手不得手にかかわらず学習に参加する子どもが増えます。

さらに、安心感のあるクラスは、ハイタレントな友達への承認度が高いのもその特長です。「できる子ども」の発言に対して、「また、あいつか」「かっこつけるな」などの言葉は聞かれません。よき意見は、仲間の学習の質を高める意見として扱われます。「できる子ども」も遠慮することなく自分の考えを表明することができます。

勉強が得意な子どもも苦手な子どもも、運動に自信のある子どももない子どもも、すべての子どもが活躍しているクラスには、安心感が満ちています。

刺激のあるクラス

よい雰囲気の教室の二つ目の特長は、刺激があるということです。刺激があるクラスとは、「子ども一人ひとりが、物事に前向きに楽しみながら取り組み、友達や学級への期待感に満ちているクラス」です。

授業で多少難易度の高い学習課題と向き合ってもへこたれることがありません。むしろ、やりがいのある課題ととらえます。その解決の過程をみんなで楽しむことができます。

さらに、解決後には、積極的に次の課題を見出そうとする傾向があります。課題を楽し

んだり、新たな課題を見出したりする傾向は、授業だけにとどまりません。生活場面でも同じです。刺激的なクラスは、何かトラブルが起きても解決を諦めることがありません。主体的に解決に臨み、解決した経験を自信に変えます。普段の生活においても、自分たちの学級生活をより盛り上げるために、何かできないかを考えイベントを企画したり実行したりします。楽しいクラス、ワクワクする生活を積極的につくろうとします。

■「安心」と「刺激」は一体

　教師の想定をしばしば超えて学習が充実するクラスには、「安心」と「刺激」があると述べてきました。両者は一見別物のようにも思えます。まず「安心」をつくっておいて、その後「刺激」的にするといった順番があるようにも思えます。

　しかし、実はそうではありません。互いが強く影響し合う関係です。安心感が増すと、思いや願いが出やすくなるので、あれもやってみよう、これにも挑戦してみようということになり、刺激的な場面が増えます。刺激的な場面をチームで経験すると、「大丈夫だ」「自分たちはやれる。この仲間となら乗り越えられる」という自信を得て、安心感が増します。

　子ども自身が誇りを持っているクラスには、安心と刺激の両面がほどよくあります。本当に安心感のあるクラスは刺激的であり、本当に刺激的なクラスには安心感があるのです。

2　「安心」と「刺激」のあるクラスをつくる原則

■不安・安心、刺激・退屈は教師次第

　安心感があって刺激的なクラスの雰囲気は、いつ生じるのでしょうか。その逆の不安と退屈を感じるクラスの雰囲気は、いつ生じるのでしょうか。学級開きをした瞬間でしょうか。子ども同士が出会った瞬間からでしょうか。

　そんなことはありません。紛れもなくどちらの雰囲気も、四月から時間をかけて徐々につくりだされていくものです。

　つくるのは、もちろんクラスの構成メンバーである教師と子どもです。特に教師の考え方、言動は大きく影響します。教師は子どもとは違い、教室の中で無条件に受け入れられることが多い立場です。教師の考え方や行動は、子どもたちにとって即「モデル」となります。教師が特定の子どもを嫌ったり、必要以上に厳しく当たったりすれば、その行動様式は、周囲の子どもたちに間違いなく浸み込んでいきます。

■教師の四つの原則

　安心感があって刺激的なクラスをつくる教師はどのような教師なのでしょうか。

　大きく四つの原則が求められます。

1	心を開く
2	ビジョンを示す
3	尊重する
4	つなぐ

　これらの原則について順に説明しましょう。なお、後の第2章では、これらの原則に基づ

く具体的な手立てや例を紹介しています。あわせてご覧ください。

(1) 心を開く

① 伝える

まず教師が心を開くことが大切です。子どもたち一人ひとりに向けて「君を大切にする。いつも気にかけている」というメッセージが、子どもに伝わらなければなりません。年度初め、学期初めなどに、全員の前でストレートに公言することも必要ですが、やはり日々の生活の中で、具体的にくり返し伝えることがより必要です。継続して伝えることで、子どもは「見てもらっている。認めてくれている」ことを実感します。

例えば、帰りの会で、教師が子どもの良さを積極的に紹介するコーナーがあるだけで、子どもとの距離が近くなり、安心感が増します。その際、当然のことながら、全員が「私を見てくれている」と思えなければなりません。全員まんべんなく意図的に紹介します。クラスの中に、一人でも居心地悪そうにしている子どもがいると、クラスに一体感を生むことが難しくなります。

🖐チェック！

◆「心を通わす朝の迎え方」　　　　（p.42）
　ポイント１　教師からのメッセージやあいさつで心を通わす
　ポイント２　プラスの言葉を最初に交わす
◆「子どもや保護者とつながる連絡帳」(p.44)
　ポイント２　「いいところ連絡」でつながる

② 聴く

教師が心を開き、自分の思いを積極的に伝えると同時に、子どもの心を開き、受け止めることも重要です。子どもの心の声に耳を傾けるのです。「この先生は、どんな些細なことでも誠実に話を聞いてくれる」と感じてはじめて、子どもは本音を語ります。自分がまるごと受け止めてもらっていることを実感するのです。

教師にはテクニックとしての聞き方も求められますが、まずは「子どもの心の言葉に耳を傾けよう」という強く誠実な意志が大切です。子どもは伝えたいことが相応に伝わる相手・集団に、圧倒的な信頼感を感じます。

🖐チェック！

◆「朝の会②　シンプルな健康観察と連絡」
　　　　　　　　　　　　　　　　　（p.50）
　ポイント１　学年の発達段階に合わせたシンプルな健康観察
◆"子どもを成長させる"忘れ物指導　（p.56）
　ポイント１　忘れ物をするのには"わけ"がある
◆「ひとりぼっちをつくらない休み時間」
　　　　　　　　　　　　　　　　　（p.76）
　ポイント１　子どもの状況を正確に把握する
　ポイント２　子どもをしっかりと観察する
　ポイント３　子どもの心に寄り添う
◆子どもの良さを確認する記録の取り方
　　　　　　　　　　　　　　　　（p.100）
　ポイント２　より具体的な内容の記録に変えていく

(2) ビジョンを示す

安心感があって刺激的なクラスをつくりたければ、教師は「安心感があって刺激的なクラスをめざす」「一人ひとりが安心できて、

前向きな楽しいクラスをつくる」というビジョンを明確に示し、クラスを方向づけなければなりません。夢、理想、目標、希望、ゴールを語り、学級を方向づける責任が教師にはあります。クラスが、「群れ」「グループ」から「チーム」にステップアップするには、互いが価値観や目的でつながることが不可欠です。

　一年間、同じ教室で生活・学習していれば、様々な困難に直面します。同じ困難であっても、価値観を共有していれば、壁の見え方が違ってきます。困難の先にある夢、理想、目的が見えていれば、困難は単なる苦労ではなく、自分、クラスの成長を促す意味ある壁と受け止められます。チームとして立ち向かう意味が見えてきます。

　ビジョンを示す際、次の二つに注意すべきです。
　①ビジョンをキーワード化する
　②ビジョンを行動とセットにして示す

① キーワード化する

　一つは、ビジョンをキーワードで示すことです。「安心感があって刺激的なクラスをつくる」「一人ひとりが安心できて、前向きな楽しいクラスをつくる」というビジョンは、クルクルと変わるものではありません。基本的には、一年を通して教師と子どもの胸においておくものです。

　そこで、常に意識できるように、「ホッとできる、ワクワクできる」などとキーワード化し反芻できるようにしておきます。キーワードを掲示したり、ことあるごとに教師がキーワードを口にしたりするとよいでしょう。キーワードを教師だけでなく子どもが口にし始めたら、間違いなくクラスはステップアップしています。

チェック！

◆「子ども－保護者－教師をつなぐ学級通信」　　　　　　　　　　　　　　　（p.90）
　ポイント２　具体的なエピソードで教師の思いを伝える
◆「保護者対応は子どもの成長を第一に」
　　　　　　　　　　　　　　　　（p.96）
　ポイント１　"担任のスタンス"を保護者に宣言する

② 行動とセットにして示す

　二つ目の注意点は、ビジョンを行動とセットにして示すことです。ビジョンそのものは抽象度の高い言葉です。子どもの中には、なんとなく心地よい言葉だけど、何をどうしたらよいのかわからないと思っている子がいます。子どもには、どのような行動をとることが、安心感や刺激につながるのかを理解させる必要があります。

　子どもは常に具体的に学びます。その絶好の機会が「褒める場面」と「叱る場面」です。ビジョンに沿って、褒めたり叱ったりすることで、「安心できるクラス、刺激があるクラスをつくる」ことを浸透させます。

　褒める際は、「感謝の言葉」を添えます。その子のよき行動が、安心感があり刺激的な雰囲気づくりに役立っていることに感謝するのです。

　叱る際は、「確認の言葉」を添えます。次、同じ状況に置かれたときどうするかを考えさせるためです。叱るときは、子どもの可能性を信じ、最後は前向きに、未来を志向する形で終わります。

チェック！

◆「心を通わす朝の迎え方」　　　　（p.42）
　ポイント２　プラスの言葉を最初に交わす

◆「クラス単位でできるSST」　　　（p.60）
　ポイント1　望ましい行動をキャッチ
　ポイント2　機会をつくって教える
◆「仲間づくりにつながるトラブル対応」
　　　　　　　　　　　　　　　　（p.66）
　ポイント4　緊張を感じ、価値観を共有する
◆「『できそう』と思わせる宿題」　（p.86）
　ポイント1　まずは見通しが持てる課題で家庭学習の習慣づくり
◆「子ども－保護者－教師をつなぐ学級通信」
　　　　　　　　　　　　　　　　（p.90）
　ポイント2　具体的なエピソードで教師の思いを伝える
　ポイント3　前向きに取り組む姿で課題を伝える
◆「保護者対応は子どもの成長を第一に」
　　　　　　　　　　　　　　　　（p.96）
　ポイント5　子どもの成長しようとする姿を伝える
◆「子どもの良さを確認する記録の取り方」
　　　　　　　　　　　　　　　　（p.100）
　ポイント5　記録は子どもや保護者に返していく

（3）尊重する

① 引き出す

　ここまで読むと、一見教師が一方的にクラスづくりをするように感じられますが、そうではありません。主役は子どもです。子ども自身が変わりたい、もっとよいクラスをつくりたいと思わなければ変わらないし、よいクラスにはなりません。

　したがって、子どもには、「自ら考え、自ら動く」ことを求めます。ことある度に、子どもには、「君はどう思う？」「みんなはどうしたい？」と問いかけます。教師は、ビジョンを明示・確認する役割を担いますが、同時に、黙って「見守り」「寄り添う」ことも大切にしなければなりません。子どもの意思を尊重し、主体性を「引き出す」ことも教師の大切な役割です。

🔖チェック！
◆「"子どもを成長させる"忘れ物指導」(p.56)
　ポイント2　「一人ひとりの課題」を「クラスの目標」に変える
◆「仲間づくりにつながるトラブル対応」
　　　　　　　　　　　　　　　　（p.66）
　ポイント3　教師が見守っていることが実感できる

② 任せる

　「引き出す」から一歩進んで、時には、子どもに「任せる」ことも効果的です。楽しい刺激的なクラスをつくるためのアイデアなどを自由に出し合い、子どもが自力で実現できる場を設定します。

　ただし、任せる前には、必ず一度意図的に経験させるなどして「見通し」を持たせることが必要です。「やりたい」「やらざるをえない」だけにとどめず「やれそう」をセットにします。そうしないと、子どもの中には何にどう取り組めばよいのかが、わからない子どもが出ます。

　任された子どもがそのことをやり遂げたら、結果だけでなく、意欲や過程をしっかり賞賛します。クラス全員が自ら挑戦したことにより、「安心感があって刺激があるクラス」に一歩近づいたことを意識させます。

　仮にうまくいかなかった場合は、タイミングを見て、再チャレンジの機会を与えるのは

言うまでもないことです。成功の反対は失敗ではない、成功の反対は挑戦しないことだということを学ばせます。安心感と刺激のあるクラスをつくるには、何度も挑戦する前向きさが必要不可欠です。

🖐チェック！

◆「朝の会①　クラスが温まるしかけを」
　　　　　　　　　　　　　　　　　(p.46)
　ポイント3　司会のオリジナルコメント
◆「クラス全体での共有化を実現する席替えアイデア」　　　　　　　　　(p.62)
　ポイント4　話し合いで決める際の注意点
◆「一体感を高める雨の日の休み時間」(p.70)
　ポイント2　遊びをしかけて、広げて、増やす
◆「つながりを深める全員遊び」　(p.72)
　ポイント1　全員遊びはクラス全員の納得を共有する
◆「やる気がでてくる清掃活動」　(p.80)
　ポイント3　分担区のメンバー全員で清掃の約束づくり
　ポイント4　「スピードそうじ」と「工夫そうじ」
◆「『できそう』と思わせる宿題」　(p.86)
　ポイント3　「自分で選べるの!?」というワクワク感でやる気を高める

(4) つなぐ

① 子どもと子どもをつなぐ

　安心感と刺激のあるクラスをつくるには、一体感・子ども同士のつながりが不可欠です。教師には子ども同士のコミュニケーションをコーディネートする役割が求められます。子ども同士が互いのよさや持ち味を知り承認できるように、教師は働きかけます。「自分のそばにはこんな素敵な友達がいて寄り添ってくれる」という意識が安心感や期待感につながっていきます。

🖐チェック！

◆「朝の会①　クラスが温まるしかけを」
　　　　　　　　　　　　　　　　　(p.46)
　ポイント2　仲間のことを知るためのしかけ
◆「ひとりぼっちをつくらない休み時間」
　　　　　　　　　　　　　　　　　(p.76)
　ポイント4　子どもに自信を持たせる
◆「お互いの良さを認め合う帰りの会」
　　　　　　　　　　　　　　　　　(p.84)
　ポイント1　子どものがんばりや価値ある行動を紹介する
◆「『できそう』と思わせる宿題」　(p.86)
　ポイント4　家でがんばったことはクラスみんなで認め合う
◆「仲間づくりを支える日記指導」　(p.94)
　ポイント3　子どもどうしをつなぐコメント

② 子どもと保護者をつなぐ

　小学校においては、保護者が子どものありように大きな影響を与えます。保護者に子どもや学級の様子を的確に伝え理解を深めてもらうことも、教師の大切な役割です。保護者からの信頼がない状況で、良いクラスをつくるのは至難の業です。

🖐チェック！

◆「子どもや保護者とつながる連絡帳」(p.44)
　ポイント2　「いいところ連絡」でつながる
◆「保護者対応は子どもの成長を第一に」
　　　　　　　　　　　　　　　　　(p.96)

ポイント5　子どもの成長しようとする姿を伝える

◆「子どもの良さを確認する記録の取り方」
(p.100)

ポイント5　記録は子どもや保護者に返していく

個別対応

ここまで安心感があって刺激的なクラスをつくる教師の姿勢として「心を開く」「ビジョンを示す」「尊重する」「つなぐ」について述べてきました。これらは主にクラス全体に対する指導です。授業のユニバーサルデザインで「授業の工夫」に加えて「個への配慮」があるように、学級経営や言葉がけにも全体への働きかけに乗れない子どもに対する個別の配慮が必要なのは言うまでもありません。

チェック！
「心が和らぎ集中できる教室環境づくり」
(p.52)

ポイント1-③　クールダウンスペースの確保

「原則」から具体的働きかけへ

「心を開く」「ビジョンを示す」「尊重する」「つなぐ」はあくまで原則であり、学級経営をすすめる際の視点です。

これらの視点から導き出される具体的な支援は、決して固定的ではありません。原則、視点から導き出される具体的支援は、様々です。同じ「尊重する」でも、クラスによってその具体的働きかけは異なります。具体的働きかけはあくまで目の前の子どもの姿を見た上で決定されるからです。

教師が、原則から導き出した具体的支援。それが目の前の子どもの姿にフィットした瞬間、安心感と刺激に満ちた雰囲気は一気に高まります。間違いなく、授業のユニバーサルデザインにも好影響を与えます。

「安心」「刺激」でつくる学級【学級開き編】

木下幸夫

1 「一年後の育ち」と「日々の変容」を見据えた学級開き

　担任教師は一年間の学級経営をしていく上で、「長期的な視点」と「短期的な視点」の二つを意識する必要があります。

　長期的な視点とは、学級の子どもたち全員をどのように育てたいかを考える、「一年後の育ち」を見据える視点です。そのためには、互いの信頼が生まれる、「関わり合いの場」を意図的に仕組んでいくことが必要となります。

　他方、短期的な視点とは、学級の全員に落ち着きのある生活を保障し、「子どもたちの日々の変容」を求める視点です。そのためには、落ち着いた学級集団にするためのルールを定着させる、「具体的な指導内容や方法」が求められます。

　「一年の計は元旦にあり」という言葉通り、「学級経営の計は四月にあり」とも言えます。長期と短期の二つの「計」を求められる担任教師は、四月の重要性を認識しなければなりません。

　もちろん四月に限らず、一年間意識して指導したいことも多くあります。しかし、まずは四月から担任がこの二つを意識し、担任の価値観を子どもたちに伝えていくことが、先の一年間の学級経営を成功させるためにも重要です。具体的にみていきましょう。

2 「一年後の育ち」を見据える学級経営

　子どもたち同士が「互いに高め合う関係」をつくることは極めて重要です。しかし、担任一人の力では限界があります。子どもたち同士の関係が培われていれば、担任教師が一人で尽力するよりも、ずっと効果的です。そのように子ども同士をつなぎ、関係をつくる役割も、教師の大切な仕事です。

　以下、子ども同士の関係づくりに大事なポイントを三つ挙げます。

(1) 子どもの良さをほめる

　子ども同士の関わり合いを生み出すために、その子のよさや優しさを伝えるようにしまし

ょう。例えば、「Ａさん。あなたは休み時間から授業への切り替えが早い上に、準備がまだできていない友だちへの伝え方も優しい。素晴らしいね！」などの評価の言葉です。「学級全体に広めたい」と教師がみとった行動について、全体の前でその子をほめます。

これは、教師が「このクラスには準備や切り替えが早い人と遅い人がいます」のように、漠然と学級全体に伝えるのとは大違いです。この言い方では、誰も自分自身のことと受け止めないので、結局誰も変わりません。

このように全体の前で個人をほめる方法のよさは、Ａさんが友だちからも認められることです。加えて、同じ行動を取り始める子も学級で増えていきます。

しかし、全体の前で個人をほめる方法がいつもよいとは限りません。高学年になると、友だちの目を気にして全体の前でほめられることを嫌がる子もいます。特に高学年の女子の場合には、「さっきの行動、先生は見ていたよ。さすがだね」などと、廊下のすれ違いざまにさらりと伝えるやり方もよいでしょう。

どちらにせよ、「先生は私を見てくれている」「私をプラスに捉えてくれている」と子どもたち全員に感じさせていることが大切です。

（2）子ども同士をつなぐ

ある年のマラソン大会のエピソードです。５年生男子のＢさんが走り終えました。着順は早いのですが、悔しそうに泣きじゃくるＢさん。該当学年でない私は何と声をかけたらいいか迷いました。

すると、彼に近づいた担任の先生は、少しの声かけをすると状況を判断して彼から離れてしまったのです。そして、同じく走り終えたＣさんに、先生は何やら伝えています。ＣさんはすかさずＢさんに近づき、声をかけました。Ｂさんは泣きじゃくりながらも、Ｃさんに連れられて移動することができました。「ＢさんとＣさんはわかり合えている親友なんですよ」と先生。Ｂさんに声をかけて連れて行く役割は自分でなく、Ｃさんだと判断したのです。先生は四月からずっと子ども同士をつなぐことを意識してきたのでしょう。

これは、他のことでも同じです。いつでも教師が直接子どもに働きかけるばかりではなく、時には子どもから子どもに働きかける方がよい場面もあります。教師は、そのナビゲートをする役割です。このような子ども同士で働きかけができる関係づくりは、四月から教師が意識したいことです。

（3）授業を通した仲間づくり

「学級づくり」や「仲間づくり」は、授業と切り離したところで行うだけでなく、授業の中でも行うことができます。

子どもたちの学校生活を考えてみてください。最も長い時間は何でしょうか。授業です。実は授業の中でこそ、「学級づくり」や「仲間づくり」を行うべきと言えます。理想のイメージは、「友だちと一緒に学んだからこそ学びが深まった」「一人よりみんなと一緒に学ぶ方が深まって楽しい」と、学校に通う意義を子どもたちに実感させることです。そのために、学習の中で、子どもたちの持つ素朴概念や獲得した学びを交流させる活動を設定するとよいでしょう。

ただし、無目的な交流はいけません。交流前よりも交流後の方が「わかった！　深まった！」と感じさせる交流であることが必要です。そのためには、

　時間……どのタイミングで交流させる（交流させない）のか

内容……何を交流させる（交流させない）のか
相手……グループの人数は適切か
　　　　（ペア、3〜4人、学級全体）

という三点を丁寧に計画して、45分間の授業や学習単元をつくる必要があります。

また、授業や学習単元の丁寧な計画の他にも、教師の指導技術で、子どもたち同士をつなげることができます。以下、紹介します。

①授業のスタートラインをそろえる

「子どもたちの手が挙がらない……」と悩むことがあります。しかし子どもたちは本来、表現したくてたまらない存在のはず。手を挙げて話したいけれど、発問の難易度が高く、自信が持てない場合も実は多くあります。

少なくとも授業の冒頭では子どもたち全員のスタートラインがそろうように、全員が挙手できる易しい発問を用意するといいでしょう。

②「続きが言えますか」と問いかける

一人の子どもに全てを発表させず、発言の途中で教師がわざとストップをかけます。そして、「みんな、Dさんの話の続きが言えますか」と全体に問いかけます。

そうすると、他の子どもは途中までの話をてがかりに考えることができます。友だちの話のおかげで「なるほど、わかった！」という「発見した感動や喜び」を、学級全員で共有することができます。

③「ヒントを言ってごらん」と投げかける

理解できた喜びを共有させる技術です。挙手した子どもに、答えの全てを言わせません。「あなたが気づいた（わかった）ことを、他の友だちにも気づかせてあげるヒントを言ってごらん」と投げかけます。

クラス全体にとっても、ヒントを言ってくれた友だちのおかげで、自分も発見できたという体験につなげられます。

④「○○さんのお話の中身が言えますか」と問いかける

友だちの発表の後、「いいでーす」「同じでーす」と声かけをする子どももいます。でも、本当に理解しているかどうか怪しい、と感じたことはありませんか。

そこで、教師が「Eさんのお話の中身が言えますか」と全体に問いかけて、自分で説明するように促します。すると、自信を持って話す子は案外少ないでしょう。「聞いてわかったつもり」と「わかって説明できる」は大きな隔たりがあり、それを子どもたちに感じさせたいものです。

問いかけた後、「じゃあ、もう一度Eさんのお話が聴きたい？」と投げかけ、もう一度Eさんに発表をさせます。すると、今度はさっきとガラッと変わり、全員が友だちの話を真剣に聴き取ろうとします。視線もしっかり集まることを担任は感じるでしょう。

このように「この子の発言は学級全員に聴き取らせる価値がある」と教師が判断をした話は、全員に確実に聴き取らせます。友だちの話を傾聴的に聴こうとする態度を養い、学習内容の共有もはかれる指導技術です。

3 「子どもの日々の変容」を見据えた学級経営

三つのステップで学級ルールの定着を

　四月は子どもたちにとって、新しい友だちや担任、これから始まろうとしている一年間に胸を膨らませ、緊張する季節です。

　担任教師は「一年後の育ち」をしっかり見据える一方で、今日まさにこの瞬間、「納得して自ら変わろう」とする子どもたちの態度を認め、成長をほめることも重要です。それらの成長は、小さなものでも構いません。子どもたちにとって実感しやすい一歩です。日々の小さな成長は、「一年後の育ち」に向かうためのスモールステップとも言えます。

　安心と刺激のある学級をつくるための指導」には三つのステップがあります。

> （1）教師主導で指導する段階
> （2）子どもたち自身に意図を考えさせる段階
> （3）自治の形成を促す段階

　以下では「教室で走ったり暴れたりする子どもの姿」を例に挙げて、子どもが日々成長できる、指導のステップを示します。

ステップ1　教師主導で指導する段階

　どれだけ指導をしても、教室で走ったり暴れたりする子どもがゼロにならない学校は多くあります。

　ゼロにならないのはなぜでしょうか。「教室で走らない、暴れない」というルールは、1年生でもわかる簡単なルールのはず。しかし現状を鑑みると、ルールについて「わかる」と「できる（守る）」はどうやら別のものであるようです。

　走ったり暴れたりする子どもを見かけた教師は、「やめなさい」と毅然と注意をするでしょう。危険が伴うその瞬間に「なぜダメかというとね……」などと優しく意図を語る余裕はありません。それは、後の個別指導や学級指導でするべきことです。

　しかし、教師の「毅然とした指導」はあるものの、意図を伝えないままだと子どもたちから次第にこんな声が聞こえてきます。「あ、先生が来たよ。静かにしよう！」「教室で暴れていると先生に叱られちゃうよ！」危険だから、他の子どもを傷つけてしまうから、ではなく、叱られるからやらない、という誤った判断基準を子どもたちに持たせてしまうのです。「言わなくても子どもたちはわかっているはず」と安心せずに、きちんと意図を伝える時間をつくりましょう。

　教師がダメだと言ったことは確かにダメなことです。でも、素直にきいていた子どもたちがある時期から、「なぜダメなんだ！？」「先生は大きな声で怒ってばかり……。面倒くさい」など言い始めてしまったらどうでしょう。そうなってしまうのは、指導の意図を子どもたちに伝えていないからです。また子どもたちは、「自分自身が大切にされているから叱られる」とは感じていません。毅然とした指導と同時に、どんなときに教師が叱るのかも伝えておく必要があります。

　「先生はこんなときは厳しく叱りますよ。(1)命や安全がおびやかされるとき（2）人権がおびやかされるとき（3）友だちが一生懸命がんばったことを笑ったとき。

一度目は注意だけですが、二度目からは厳しいよ」。このように、どんな時・なぜ叱るのかをはっきり伝えておくとよいでしょう。

上記の（1）～（3）はあくまで一例です。子どもたちの発達段階に応じて、教師が指導する意図を伝えておくと、子どもたち自身がよくわかります。教師の意図がわかれば、子どもたちも意図を理解した上で振り返ることができるようになります。

ステップ2　子どもたちに自身に意図を考えさせる段階

子どもたちは、教室で走ったり暴れたりすることがいけないことはわかっています。しかし教師が「なぜダメなの？」と問いかけてみると、自分の言葉で答えられる子どもは案外少ないものです。「教室で暴れるとどんな危険が起こり得るか」「どんな迷惑を友だちにかけそうか」……。

何も答えられないというのは、問われるまでそこまで深くは考えていなかった子どもたちの反応です。考えさせていないから、子どもたちは過ちを繰り返すのです。

だったら、教室で走ったり暴れたりした場合に起こり得る危険を、子どもたちに予知させるとよいのです。子どもたち自身に、ルールの意図を考えさせ、自分の言葉で表現させましょう。例えば子どもたちからは、
「ぶつかるとケガをさせてしまうから」
「1年生が見るとまねをしてしまうから」
など、精一杯の自分の言葉でルールの意図を挙げるでしょう。時には教師の想定を超えた、素晴らしい着眼点も出てきます。「言葉で表現させること」は、実は「深く考えさせること」に他なりません。そして子どもたちは、もっとも自分自身が納得できる言葉で意図を理解できます。

ルールを守るという行為を、子どもたちの能動的な営みに変えていくのが、このステップでのポイントです。

ステップ3　自治の形成を促す段階

教室で走ったり暴れたりする子どもが減ってくると、学級の雰囲気はみるみる落ち着きます。子どもたち自身が「この落ち着いた環境は過ごしやすい」と感じ始めます。

子どもたちには、さらに「この環境を維持し続けたい」と感じさせたいものです。そんな気持ちの子どもを、教師は目をこらして探します。以下は、以前筆者の担任したクラスで体験したケースです。

FさんとGさんは、五月に入り落ち着いてきた教室の中でも、まだ暴れて遊んでいました。Hさんは、2人に対して「教室で走ったりしないで」と、しっかり注意しています。この瞬間を見逃してはいけません。そこで、学級全体に伝えます。

「先ほどの休み時間、FさんとGさんが教室で走り回って遊んでしまいました。しかし、先生が皆さんに伝えたいのは別のことです。実はHさんが注意をしたのです。怒って伝えたのではなく、走ると危ないよ、と優しく伝えていました。自分が『騒がしくて嫌だな』と思ったことよりも、FさんとGさんの安全を考えて伝えていたように先生は感じました。FさんとGさんも、あの言い方だったら、嫌な気持ちになりませんでしたよね？」
「Hさんは、勇気を出したと思います。だって、注意をしなかったとしてもHさん自身は全く困らないのですよ。でも、学級全体のことや友だちのことをきっと考えてくれた注意だったのでしょう。勇気を出して伝えた言葉に、先生は素晴らしいと思いました」

ここまで教師が話せば、子どもたちは学級のよき環境を守る行動を、自信を持って起こ

し始めます。

　気をつけたいのは、互いの欠点を指摘し合うだけにはさせないことです。教室にギスギスした空気が流れます。注意をする子が増えると確かに教師はラクになりますが、「相手を思いやる心」のこもらない注意は、子ども同士のつながりを生み出すには逆効果です。

　あくまでも、相手のことを大切に思っているからこそ、注意をしたりほめたりしている子どもの、プラスの言動を懸命に探すのです。見つけたときに、すかさずほめて、学級に広めます。プラスの相手意識を子どもたちに持たせることは、自治形成の第一歩です。

4　「求める良さ」を伝える四月

　①長期的な視点と、②短期的な視点には、共通する重要な前提があります。それは、求める子どもたちの育ちについて、教師自身が具体的なイメージを持てていることです。「授業で、元気で積極的に交流できる姿」や「落ち着いて教室や廊下で過ごせている姿」など、目に見えるよさだけを指すのではありません。「何を交流させたい？」「教室や廊下を走らない理由を子どもはどう考えている？」つまり、見えないよさ（＝中身・意図・考え）を子どもたちに求めているのです。しっかりと自分で考え、説明できる子どもは、違う場面にもその考え方を活かそうとし始めます。

　そう考えると、子どもたちへの指導一つひとつに、私たちの教育観そのものが問われているのです。ノウハウも大事です。しかしそれだけでは、子どもたちの育ちにつながりません。私たち教師は、この仕事に携わることのできる喜びと同時に責任の重さを感じずにはいられません。

　本稿の冒頭で、担任教師は一年間学級を経営していく上で、「長期的な視点」と「短期的な視点」の二つを意識する必要があります。

と述べました。

　「長期的な視点」とは、担任の受け持ちを終える三月に育っている、子どもの姿を見据えたものです。しっかりと力を付け自立させることが、子どもたちの幸せだと真剣に考える教師は、このような長期的な視点を持ち合わせているはずです。すなわち、担任教師の教育観そのものと言っていいでしょう。

　「短期的な視点」とは、日々の子どもの成長を見据えた、具体的な指導内容や指導方法です。教師が熱く願いや夢を語るだけでは、子どもたちは変容しません。一年後の子どもたちの姿を見据えると同時に、日々の積み重ねも重要です。ほんの少しでも構いません。「こんなことができるようになったよ！」「こんなに変わったよ！」と、自分自身や友だち、そして学級の成長を喜び合える子どもたちであって欲しいと私たち担任教師は考えるものです。そのためには、教師が足下を見つめ、具体的な視点を子どもたちに持たせる必要があるのです。

　四月という時期は、これら二つの視点が同時に求められている重要な時期なのです。

「安心」「刺激」でつくる学級【学級継続編】

野村真一

1 学級づくりには日々のメンテナンスが不可欠

　四月の早い段階で「今年はなんだか良いクラスになりそうだ」と感じるように仕組むことは非常に重要です。それには、皆と楽しくわかる・できる経験が不可欠です。

　しかし、学級文化もほぼ定着し、生活に新鮮味が感じられなくなったとき、いかんともしがたい停滞期に入ってしまうことがあります。「わかった！　できた！」が生まれた達成感に酔っているうちに、いつのまにかクラスの体温が下がっていることに気づくのです。

　決定的に悪いわけではないけれど、どこか楽しくはない状況。本当に難しいのは、良い学級の雰囲気を生み出すのと同様に、一年間の終わりまでそれを持続することなのです。

　ここでは、そのような学級の雰囲気を一年にわたって持続させるポイントと具体を考えていきます。

メンテナンスのポイント

　持続するには日々のメンテナンスが不可欠です。ポイントは四つ。

① 最終目標をシンプルに持っていること
② ゆるみやすい時期を想定していること
③ 小さな力でちょっとずつ調整すること
④ 温かい雰囲気で臨むこと

　シンプルな目標を追い続けることで、ぶれない方向性が生まれます。私の場合は「互恵的なチームづくり」です。クラスの仲間は互いに恵みを与えあう存在であってほしい、それは、そんなクラスでの学びが、より質の高い学びを生むと考えているからです。

　しかし、時にはゆるみが出るのも事実。実感としては、六月・十一月・二月頃にゆるみやすいようです。また、体育祭や文化祭などのイベントの最中や直後は、特に要注意です。

　このような、ゆるみへの想定があるか否かで、準備が異なってきます。ビジネスの世界ではよく「悲観的に考え、楽観的に行動せよ」と言われます。ゆるさへの気づきは神経質なくらいでちょうどよいのです。

　ゆるみを修正する時も、一度で事足りることはないと考えましょう。それに、しかめっ面はご法度です。学級のメンテナンスを行う際は「小さく、明るく」が鉄則です。

　以下では、学級開き後一年間の終わりまで、ゆるまず・高め合う学級をつくるためのメンテナンスについて、具体的に見ていきます。

2 学級目標をもっと活用する

学級目標に立ち返る

多くのクラスは、クラス開きの早い段階で学級目標を決めます。どんなクラスにしたいかを皆で考え、納得できる言葉に落とし込む活動自体には大きな価値があります。

ただし実際のところ、その目標は紙にしたためられ、クラスの壁のどこかに掲げられ、日常生活に溶け込み、オブジェと化していくことが多いのではないでしょうか。

必要なのは、あらゆる場面において、その目標を達成しているか、その方向へ向かっているのかを確かめる学級文化です。トラブルが起こった時はもちろん、良い時も常に学級目標に立ち返るようにしましょう。企画の名前やクラス対抗戦の掛け声など様々な場面に引用されることが大切です。

学級目標の更新

クラスの信頼関係が育ち、経験が積み重なる中、学級目標を常に更新しつづけるようにしたいものです。抽象的なものはより具体的に、具体的すぎると感じるものは汎用性の高いものに変更していくことで、クラスに本当に必要なものを確認していく取り組みになるはずです。

学級目標に達成場面を書きこむ

文言はそのままにしておいて、その目標を達成できた具体的な場面や言葉を、掲示された紙に書き込んでいくのも効果的です。

例えば「One for All, All for One」という目標が掲げられたクラスでは、その余白に様々な具体例を書き込んでいきます。「皆でリレータイムを縮めた」「百人一首大会成功」「面積の求め方大発見」と、毎度立ち返り、書き足すことで、常に意識できる目標となります。

所狭しと書き込みが行われた学級目標を、三学期の最後に皆で眺めるのは幸せな瞬間です。

3 居心地のよい教室環境を保つ

わずかな違いに注意

生活にマンネリ化が進むと教室のあちこちで「あれ？」と思うほころびが見られるようになります。

・ロッカーの中の整理ルールが曖昧になっている
・干された雑巾の角がそろっていない
・絵具セットや書道セットの収納の向きがばらばら

このような状態が教室に現れ始めたら黄信号です。一見して散らかっているわけではないので、決定的にだめなわけではありません。

しかし放っておくと、さらなる事態へと発展しかねません。

ゆるみがわずかなうちに正すことで、その先にある教室の乱れを事前に防ぐことができるのです。私たち教員は、「ちょっとだけだめな雰囲気」への嗅覚、危機管理能力が問われています。

写真で気づかせる

おすすめなのは、何日間か連続で乱れている箇所の写真を撮り続けることです。あるときは、すこし乱れ始めた下駄箱を撮り、すぐに公開しました。何も言わず、笑顔で見せると、子どもたちはつぶやきます。

「あ、靴がばらばらだ」「半分はみ出している」と、自分の靴がどうなっているか気が気ではありません。整っていない子は、照れながら直しに向かいます。もしタブレット機器が無線でつながる環境ならば、下駄箱のライブ映像を中継するのも効果的です。

伝える際は、厳しい空気よりも明るく笑える雰囲気の中で行うほうが良いでしょう。続けていくことで徐々に意識が高まり、全てがきれいに整う瞬間を迎えます。それを、拍手と歓声で迎えられるようにしたいものです。

一度きれいになったら終わり、ではなく、時間を置いて何度か確かめていくことが、継続的に学級をメンテナンスする上で大切です。乱れている時だけでなく、うまくいっているときの写真を見せると、より効果的です。きれいに整っている環境が心地よく、それを保ちたいと感じさせるのです。

きれいな机キャンペーン

机の中が整理できているかは、クラスの状態が保たれているかの大事な指標です。低学年の内は教師も頻繁に確かめますが、高学年になるとチェックが甘くなるものです。

時には、机の中の整理に時間を設けるのもよいでしょう。私はしばしば帰りの会の5分を使って、整理を行うようにしています。

あらかじめ日直当番と示し合わせて、帰りの挨拶直前にこう告げさせます。「今日は『きれいな机キャンペーン』です」。これを聞くと、子どもたちは大盛り上がりです。

キャンペーンと言っても、机の中の整理ですが、教師のOKが出ないと帰れません。日常的に整理している子は意気揚々と帰宅しますが、そうでない子は必死です。「今日来たかー」「最悪だ、見せられない！」などさんざん愚痴を言いながらも、きれいになったら笑顔で帰ります。何度も「整理しなさい」と告げられるよりも、遊びの要素を取り入れながら整理したほうが、効果が高いようです。

4 「きれいにしたい！」という掃除への動機を持たせる

「掃除をするふり」に要注意

掃除の時間が機能しているかどうかは、クラスのムードづくりに大きな影響を及ぼします。「掃除時間を見ればクラスがわかる」というのも的を射た言葉だと思います。

もし、先生が見ているときだけ掃除の「ふり」をする文化が育っているならば、そこは様々なトラブルの温床になっている可能性が

あります。真面目にやろうとする者とそうでない者との間に生まれる軋轢が、少しずつクラスをむしばんでいくでしょう。

掃除には様々な流儀があるので一概には言えませんが、一つだけ大事なことがあります。それは、内発的動機に支えられているかどうか、ということです。仕方なくやらされる掃除から、自らやろうとする掃除への見直しが必要でしょう。

掃除は「匠の技」を開発する場

私のクラスでは、各掃除班のリーダーを集めた「リーダー会議」や、掃除のノウハウを伝え合う「匠の技報告会」など、掃除について語り合う場面を持つことにこだわっています。それぞれの場所に特化した段取りや技術を磨き「掃除の匠」を目指すのです。

話し合いをもとに、できるだけ細かいことにこだわった「匠の技」を開発し、定期的に報告書をまとめます。報告書はクラスでの発表後にクリアファイルに入れ、いつでも読める場所で管理されます。誰でも閲覧できるので、何をどうすればよりきれいにできるのか、が皆に共有されます。それによって、掃除自体が洗練されるのと同時に、新たな「匠の技」を生み出そうとする創造性が掃除の時間を活性化させます。

担任の仕事は、いいところみつけ。それぞれの工夫を広く知らしめる役目です。子ども達が開発した工夫を、実際に体験して回るというのが掃除時間の過ごし方です。時には報道カメラマンとして掃除姿を捉え、公表することもあります。得意満面な子どもたちの姿が見られる掃除時間でありたいものです。

5 イベントを利用してクラスをつなげる

大きな行事を活かす

学校現場には様々な行事が存在します。中でも、運動会や音楽会・学習発表会などは最も労力をかけて創り出す大きな行事です。こうしたイベントは、学級経営上の一つの山場です。

人は共通の目標にむけて努力していくことでつながっていくものです。せっかくそこにある壁を、クラスの成長に使わない手はありません。そのためにいろいろな取り組みを行うことができます。

例えば運動会であれば、必勝法に関する情報収集や練習の仕方の相談、進歩状況の管理やビデオ撮影による客観的な評価、リーダーからの語りかけなど。それらに対して子どもたちができうる限り主体的に取り組めるように支援することが担任の役目です。

サポートのチェックポイントは次の3点です。

> ① ゴールがシンプルに見えているか
> ② ゴールに向かう手立てを具体的に持てているか
> ③ 少しだけハードルが高いか

新たなイベントを設定する

年間行事として位置づけられたイベントだ

けではなく、学年やクラスで新たに設定するイベントでも、同様に目標に向けて団結していきましょう。

例えば、クラス対抗のドッヂボール大会や百人一首大会などは定番です。授業の中から自然と出てくる企画として「ノート整理術選手権」なども盛り上がります。もしくは「創作文学大賞」を設けてみるのも良いでしょう。

マラソン大会に向けて練習する度にクラスの合計タイムを公表する方法があります。これには、個人の取り組みを団体の取り組みに変換するねらいがあります。合計タイムの伸び縮みを毎回気にしながら、クラス全員で取り組むことができます。タイムが落ちたときには緊急会議を開き、一人あたり何秒縮めるべきかを話し合ったりします。

他にも長縄跳びを全員で何回跳ぼうとか、ネーミングの公募などの外部イベントへの参加なども、やる気がわくでしょう。

係活動でのイベント

当番活動は学級生活を支えるために全員が経験するものなのに対し、係活動は学級文化をつくるべく創造的に生み出す活動です。私は「ほんの少しだけクラスを幸せにする活動」と伝えています。これまでに、企画係やお笑い係、記者クラブ係（新聞係に記事を提供する係）など、様々な係が生まれました。その活動でクラスをつなげ、盛り上げます。

ただし、あくまでも「＋α」を目指す活動なだけに、停滞期を迎えることがあります。そうした中で掃除と同じく、定期的に「リーダー会議」や「活動報告会」を行うことは有効な手立てです。置かれている状況を自覚することで、再び火がつくことがあります。

もう一つ、有効な手段として、係活動を積極的に推し進める「スペシャルウィーク」をつくることが挙げられます。うちのクラスでは「係活動フェスティバル」と呼んでいます。期間中は、休み時間等を全て係活動に費やします。お笑いライブや外での昼食、新聞の発行や読み書かせなど、まさにお祭り。基本的にはフェス期間の休み時間はフェスへの全員参加が前提ですので集客も問題ありません。フェスへ向けてアンケートをとったり、材料を持ち寄ったり、クラスへの関わり方が変わります。

こうした取り組みは、いつでもできる係活動に敢えて期間を設け、限定することで特別感を与える手法です。フェスの存在が、子ども達の係活動へのやる気を維持するツールになるでしょう。

6 トラブルを生かして学級を育てる

トラブルはチャンス

クラスが成長していく過程で、子どもたちのトラブルは避けられません。トラブル対応とは、双方の話をよく聞き互いが納得できる場所に着地していく地道な取り組みです。納得感はトラブルの当事者だけでなく、クラスの他のメンバーにも必要です。

トラブル対応は通常、休み時間等を利用して行われます。当事者に声をかけ、他の子どもと離れた場所で聞き取りを行います。クラ

スの子どもたちは、何があったのかを気にするものです。情報を隠したまま曖昧に過ごすと「〇〇君たちが先生に叱られていた」という偏った噂だけが流れます。これでは当事者である子どもにとって不本意なだけでなく、和解の営みが学級経営に活かされません。

そこで私は多くの場合、事のあらましをクラス全体に説明します。話をするタイミングとして気を付けていることは、次の二点です。

> ① トラブルが終息段階に入っているか
> ② 当事者たちの了解を得ているか

クラスに伝える内容としては次の四点を押さえています。

> ① 大まかな事実
> ② 当事者たちが和解していることと、彼らの今の気持ち
> ③ クラス目標に照らしたふりかえり
> ④ 皆で寄り添っていくことの確認

山を越えた局面であるならば、深刻になりすぎず穏やかに伝えることができます。当事者からクラスにコメントがある場合もありますし、説明を踏まえて皆で意見を交わすこともあります。そうすることで、クラスが当事者の思いを受け止め寄り添おうとする機運が高まります。

大切なことはドラマを共有することであり、それをきっかけに前を向こうとすることです。

7 まとめ 停滞しない学級経営

学級づくりにおいて、停滞は後退とほぼ同義です。何もしなければ、潮が引くように学級の雰囲気が冷えてしまうことがあります。

しかし、必要なのは一つの刺激を強めていく方向性ではありません。多様な視点から見つめ直し、多様な刺激がもたらされることです。そのためにも、担任は日々目配せを行うのと同時に、機会を見つけていく姿勢が求められます。

ここまで見てきた学級のメンテナンスは、決して途中に生じたゆるさを引き締めるためのものだけではありません。小さな成功の上に、次のステップを踏みだす際にも有効です。もう少しでもっと仲良くなれる、もっと団結できる……そのために教師は、新たな一歩を踏み出す手助けをしているわけです。

安心と刺激のあるクラスづくりは日々の小さな営みの上に成り立つものです。変えてはいけないものと変えなければならないものを読み取り、さあどうしようかと思い悩む、それ自体を楽しめる教師でありたいものです。

第2章

「安心」「刺激」で学級をつくる担任教師の一日

　全員が「わかる」「できる」授業のユニバーサルデザインを、裏で支える、お互いが尊重し合い、温かな雰囲気に包まれたクラス。

　第2章では、そんな学級経営のアイデアを、子どもたちの登校から下校後まで、一日の流れを追って見ていきます。

　ポイントは、「安心」と「刺激」。子どもたちに落ち着きを与え、学級内の居心地の良さをもたらす「安心」と、いろいろなことにチャレンジできる環境をつくる「刺激」とのバランスを考え、学級をつくっていきましょう。

08:00 心を通わす朝の迎え方

刺激 10%
安心 90%

朝、笑顔でおはようと声をかけられると気分が良いものです。いつもと変わらない落ち着きの中でちょっとした笑いがあれば、教室は温かい空気に包まれることでしょう。心が通い合うきっかけを、朝一番につくっていきたいものです。

ポイント1 教師からのメッセージやあいさつで心を通わす

　一日のスタートを気持ちよく切るために、朝一番の雰囲気は朗らかで温かいことが理想です。始業までの朝の時間というのは、子どもたちとなにげない話ができるゆったりした数少ない時間です。

　まずは登校した子ども一人ひとりの顔を見て、あいさつをします。名前を呼んであいさつをすること、そして目を合わせて「〇〇さん、おはよう」と言います。**名前を呼ばれることで、ちょっとした特別感があるあいさつに変わります。**単なるあいさつでも、子どもと心を通わす大切なきっかけなのです。毎日同じように繰り返します。おとなしく距離があるな、と感じる子どもに自然に話しかけられる絶好のチャンスです。しかも一日の初めに。

　また、「黒板メッセージの工夫」はいかがでしょうか。アイスブレイクは登校時から始まっています。黒板に教師からの前向きなメッセージが記されていることで、クラスに入った瞬間から子どもたちの表情が緩みます。語りかけ、問いかけ、短歌など、バリエーション豊かにメッセージを記します。朝の会でそのメッセージの意図を共有すると良いでしょう。

ポイント2 プラスの言葉を最初に交わす

　子どもが登校してきたら、話しかけましょう。見た目の変化はもちろん、**価値ある行動を逃さずほめていきたいもの**です。元気のいいあいさつをする子どもには、「元気いいね〜。うれしいなあ」と必ずほめます。さらに朝の会などで、その事をみんなと共有すると効果的です。たちまち友だちの良いところを真似しだして、子どもたち同士が元気なあいさつを交わしだすでしょう。話しやすい空気が生まれ、何気ない会話ができるきっかけになります。「今日学校に行きたくないなあ」と思いながら学校に来た子どもに対して、少しでもプラスの印象を持たせることができます。

　一日が始まってしまえば、学校生活はあっという間に過ぎていきます。外で一緒に遊ぶことはできても、一人ひとりとゆっくり会話をする時間を毎日は確保しづらいものです。だからこそ、朝の時間の交流を通じて子どもとつながりつつ、居心地の良さを感じさせることが大切です。

●黒板メッセージで朝のスタート

> おはようございます
> 3年生になって、初めての音楽がありましたね。
> みんな、とってもいいかおでうたっていました。
> そんなえがおで あいさつされるとうれしいなぁ。

●プラスの言葉で温かい雰囲気を

心を通わす朝の迎え方

08:10 子どもや保護者とつながる連絡帳

刺激 20%
安心 80%

連絡帳は、一年間学校と家庭を行き来するノートです。連絡帳を「連絡」だけで終わらせるのはもったいないことです。担任と子ども、そして保護者とのコミュニケーションを深める手段としても連絡帳を活用してみてはどうでしょうか。

ポイント1 宿題や連絡帳の提出をルーティーンに

保護者からの連絡がなくても、**連絡帳は毎朝必ず出すこと**をクラスの約束にします。連絡帳と宿題を分けて、ノートの大きさに合わせた箱を準備しておくと、スムーズに提出することができます。連絡帳の提出場所を教師の近くにしておくと、一人ひとりと言葉を交わすことができ、朝一番の表情や様子から、子どもの状態を把握することができます。

ポイント2 「いいところ連絡」でつながる

四月は積極的にいいところを見つけて、保護者宛で連絡帳に書きます。例えば「今日たかしくんが、休み時間のあとクラス全員の靴をそろえてくれました。とても嬉しかったのでお知らせします」というように。配慮が必要な子の場合、マイナスの連絡が多くなりがちですが、年度初めにプラスの連絡帳からスタートすると、保護者に安心感や信頼を与えます。

プラスの連絡帳を書いた時は、直接その子に読んであげて、「おうちの方に自分から見せるんだよ」と言葉を添えます。この「いいところ連絡」は、**全員分書けることが理想的**です。例えば日直の子の良いところを見つけると決めれば、一巡するとクラス全員分書くことができます。

もちろん、子どもの良いところは学級通信等でも伝えることができます。でも連絡帳であれば、不公平感なく、**その子と保護者だけに伝わるようほめることができる**のが良い点です。

また、「○○さん、今日の学級会では大きな声で司会ができましたね」と子ども宛に書くこともできます。連絡帳は保護者も見るので、子ども・保護者両方に伝えられます。

ポイント3 一行日記でつながる

連絡帳を書くときに、**一行日記を書く習慣をつけさせます**。今日学校で楽しかったこと、印象に残った友だちとの関わり、その日の学習に結び付けた内容などです。低学年の場合は、教師が書き出しを書くなどの手立てがあると、書くことに抵抗のある子も書きやすくなります。

この一行日記は保護者が楽しみに読んでくれて、子どもが家庭で学校のことを話すきっかけにもなります。保護者が学校での様子を子どもから聞くことで、安心につながります。

●子どもの良いところを見つける

「連絡帳で先生に
ほめてもらったよ！
うれしいな」

●連絡帳で子ども・保護者とつながる

朝の会①
クラスが温まるしかけを

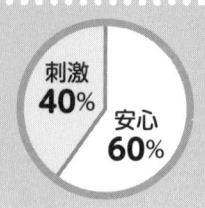

刺激 40%
安心 60%

朝の会は、クラスの雰囲気をよくする働きがあります。その一日に期待を抱けるような温かい雰囲気を生み出したいものです。一方で、安定したスタートが切れるように「静寂」のある落ち着いた時間を共有することも大切です。朝のスタートにふさわしい活動を紹介します。

ポイント1　落ち着いた笑顔

「学校に来ると温かい気持ちになる」「自分には仲間がいて居場所がある」。朝のスタート時にそう思えるクラスでありたいものです。朝の会に臨む姿勢として大切なことは、**子どもたちから「落ち着いた笑顔」を引き出すこと**です。心が温まるとき、人は自然と笑みをこぼします。学級はよりよい人間関係やよりよい学びを生む場です。そうした場面には笑みが欠かせません。

ただし、**元気すぎるクラスは要注意**です。過剰な元気さは攻撃性と紙一重です。仲間への細やかな気づきや寄り添う優しさが、看過されがちになるでしょう。教師は、落ち着きのある温かい雰囲気づくりをねらって朝の会に臨みたいものです。

ポイント2　仲間のことを知るためのしかけ

「三文スピーチ」は子どもたちが喜ぶ取り組みの一つです。すでに多くの先生方が実践をされています。文字通り三つの文で完結するスピーチで、私のクラスでは自由な形式をとっています。例えば、ある1年生の文。「昨日、プラスチックから陶器のお茶わんに変わりました。なんだかお兄さんになった気分です。お茶わんの絵は、パンダです。」

三文スピーチの良さは次の二つです。

① 短さによる効果
② 互いを知る効果

スピーチが短いので、話すのが苦手な子もなんとか文をつくることができます。逆に、たくさん話したいことがある子にとっては情報を絞り込む言語技術が身につきます。聞くことが苦手な子も集中力を保てます。所要時間が短いので、毎日複数人ずつ話すことができます。発達段階に合わせたバリエーションが豊富で、どの学年においても皆が取り組めるという懐の深さをもった取り組みでもあります。仲間についての情報が毎日提供されるので、一学期が終わる頃にはクラスメイトについてかなりの物知りになれます。

内容を決めかねる子どもへのケアも大切です。アイデア一覧を連絡帳に貼ったり、教室内に掲示したりします。「○○に挑戦してみました」「どれぐらい○○が好きかについて」「一番怖いものは○○です」「○○できない私」など、応用の効くアイデアをストックし、いつでも確認でき

●落ち着いた笑顔のあるクラスへ

●三文スピーチ

朝の会① クラスが温まるしかけを

るような工夫があれば、苦手な子も楽しんで取り組むことができるでしょう。

　同様の活動として、**「パーソナルクイズ」**はいかがでしょうか。自らの情報をもとにクイズをつくります。「私には悩みがあります。次のうちどれでしょう？」「給食のおかずで一番のお気に入りはなんでしょう？」「私が寝る前に必ずすることはなんでしょう？」クイズは三択です。選択肢づくりも楽しみの一つです。ありえない選択肢を用いてクラスを笑わせる子もいます。驚きや歓声があがり大いに盛り上がります。正解については、出題者より補足説明を加えます。

　ここで例に挙げた二つの活動には共通点があります。それは、やわらかで落ち着いた笑顔がたくさん生まれることです。話し終えて拍手を受ける子たちは、照れながらもうれしそうに席に帰ります。自尊感情が芽生える瞬間です。

ポイント3　司会のオリジナルコメント

　会の司会は子どもが行います。時間通りに会をスタートさせ、自立した会の運営ができる力を持たせたいものです。**子どもが司会をすることで、司会者自身の成長と司会者を助けようとする聞き手の成長が見込めます。**自分たちで会を進められるという思いは、クラスへの信頼や帰属意識を高めるきっかけとなります。

　プログラムや司会マニュアルは、子どもたちの様子を見ながら少しずつ更新していくとよいでしょう。ただ、できる限りシンプルなつくりにし、盛りだくさんにしないことが重要です。プログラムに翻弄されて、時間的な焦りを感じるような朝の会は避けたいものです。進行順や内容をある程度固定することで、集団活動への参加が苦手な子も安心して取り組めます。

　ある程度運営が定着してきたタイミングで、司会者に課題を与えます。マニュアルを少しだけ変更してオリジナルの部分をつくることを奨励します。

　例えば、マニュアルに「朝の挨拶をします」と書かれている部分を、「久々の晴れですね。さわやかに朝の挨拶をします」というように変更します。すでに慣れ親しんでいるマニュアルに一工夫を加えるだけで新鮮な喜びが生まれます。それぞれの子どもたちが、自分はどこでどんな言葉を使おうかと前向きに取り組みます。聞き手側も、そうした工夫を聞きとろうとする姿勢が育ちます。日々のルーティンを少しだけ創造的で刺激的な活動に移行していきます。

ポイント4　鳥のさえずりが聞こえる静寂の時間

　自分のクラスは落ち着いた時間をつくり出せる」という実感は、子どもたちに安心感を与えます。朝の会の終盤では、**「静寂の時間」**を生み出す取り組みも有効です。

　会の最後に司会者から教師へと主導権が移ります。連絡事項を伝えた後に「静かな時間をつくりましょう」という指示を出します。長さは10秒〜15秒で十分です。時折「鳥の鳴き声が聞こえるかな」「雨の音を聞いてみよう」「ビー玉が転がる音が聞こえるかな」など、聞く対象を絞ることもあります。実際に、鳥のさえずりが聞こえると子どもたちの表情は満足感であふれます。皆で生み出した静寂の時間は、一体感と安心感、そしてほどよい緊張感を生みます。一日のスタートにふさわしい感覚です。

●司会のオリジナルコメント

「久々の晴れですね！」

「あ！オリジナルのコメントだ」

●静寂の時間

「いろいろ聞こえてきたな」

「鳥の声だ！車の音も聞こえる」

「鳥の声が聞こえるかな？」

朝の会①　クラスが温まるしかけを　49

朝の会②
シンプルな健康観察と連絡

08:30

刺激 5%
安心 95%

朝の会は、一日を気持ちよくスタートさせるための活動がつまった大切な時間です。毎日行うからこそシンプルなプログラムにしましょう。安心して自分の体の不調を伝えられる、一日の見通しをしっかりもてる、そのような朝の会をしてみませんか。

ポイント1　学年の発達段階に合わせたシンプルな健康観察

　子どもたちの健康を把握し、必要なケアを行うのは教師の大切な仕事です。朝、子どもたちと会ったときから、顔色や声の調子をよく見て、一人ひとりの健康に気を配るようにします。また、保護者から健康状態について連絡帳で伝えられていることもあるので、必ず朝のうちにチェックしておきます。

　健康観察はシンプルにします。たとえば上学年の子どもたちには、班ごとに**「健康観察カード」**に記入させる方法もあります。班員の健康を聞きながら、班長がカードに記入します。次に、今日一日気遣う必要のある友だちの様子に絞って班長が読み上げ、クラス全員で共有します。

　下学年の子どもたちには、「ハイ！　元気です」と返事をする前に「どうして元気なのか」または「どうして元気ではないのか」を、一言入れさせる工夫もよいでしょう。「今日は誕生日だから、とっても元気です！」など、楽しみにしていることや身の回りの出来事などを話してくれます。健康観察を表現活動の一つとして展開することもできます。

ポイント2　朝の連絡の視覚化・共有化

　朝の連絡は、簡潔にポイントを押さえて伝えることが大切です。教師はその日の行事や、特別な準備が必要な授業などを、前もって確認しておきます。そして、前日の放課後や早朝に板書しておくとよいでしょう。子どもたちが教室に入ってきた時に、一日の大切な連絡を自分で確かめられるようにするための視覚的な支援となります。子どもたちは朝の会よりも前に、一日の見通しをもてるようになり、安心して一日をスタートできるようになります。

　大切な連絡はすでに知らされているので、朝の会では**①連絡の確認②連絡の補充**のみを行います。板書された連絡を教師が読み上げるのもよいですし、全員で音読して確認するのもよいでしょう。次に「ここに書いてある連絡で質問のある人」などと問います。「板書されている連絡でわからないこと」「みんなが知っておいたほうがいいこと」を質問するとあらかじめ決めておきましょう。子どもたちと短くコミュニケーションを取ることができ、同時に全員に必要な連絡の補充ができます。連絡は取り外しできる小黒板に書くことで、あとで教室の後ろに掲示して何度でも確認できるようになります。

●上学年　　　　　　　　　　●下学年

朝の会② シンプルな健康観察と連絡

08:50 心が和らぎ集中できる教室環境づくり

刺激 10%
安心 90%

教室は、学校の中の「自分の家」、自分の机は「自分の部屋」と置き換えて考えることができます。心が和らぎ安心できる教室づくりは、生活の基盤です。その安心の中に、学習等の注目点（刺激）を示します。集中しやすい環境になるでしょう。

ポイント1 場所に意味を持たせ、教室空間全体を構成する

①壁面の構成（平面）

　教室前面は学習に、後面は学校生活全般に必要な情報を得ることができる壁面構成とするなど、それぞれの壁面の果たす役割を意味づけします。場の果たす役割をはっきりさせることで、子どもたちにとって「今、自分が必要な情報やものがどこにあるか」がわかりやすくなります。

　また、必要な情報を「必要な刺激」ととらえたとき、その他の情報は「じゃまになる刺激」となります。必要な板書や掲示のみを残し、その場に必要でないものは、とり払ったり布で隠したりなどの工夫をすることで、子どもたちは迷わず必要な情報を選択できます。

②ものの配置の構成（空間）

　同じ部屋の広さなのに、「なぜ、広く感じるんだろう」と思うことがあります。見渡すときれいに掃除され、整然とものが配置されているからです。心のゆとりを生む大切なポイントです。

　まず、整理棚や視聴覚機器などの大きなものの配置を決めた後、子どもたちの置き傘立てや黒板消しクリーナー、水筒置き場などの細々としたものの位置を決めていきます。また、生活班ごとに宿題を提出するケースや学習ファイルを立てておく場所をつくると便利です。

　位置を決める際には、子どもの目線に立ち、一日の動線をイメージして場所を固定していくことが大切です。同時に、子どもが座席についたときに何が目に入りやすいかを考慮していきます。

　また、配置を決めた後、「使ったらもとの場所に返す」ということをパターン化します。置く位置がはっきりしていることで習慣づけしやすく、必要なものが見当たらないなどの気持ちの混乱が防げます。

③クールダウンスペースの確保（平面＋空間）

　気持ちの混乱が起こりやすい子どものために、その子どもに合ったクールダウンスペースを確保することも大切です。イライラが始まったら、その場所に移動して心を落ち着かせます。

　教室の隅に小さなブースをつくる方法や壁に向けて机を設置する方法などがあります。本人が一番落ち着きやすい形を見つけてあげましょう。場の設定が気持ちの安定を促します。

●刺激と安心を意識した教室環境

シンプルで、学習内容のみ目に入る

黒板右に本時の学習の流れなど

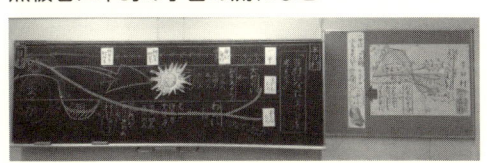

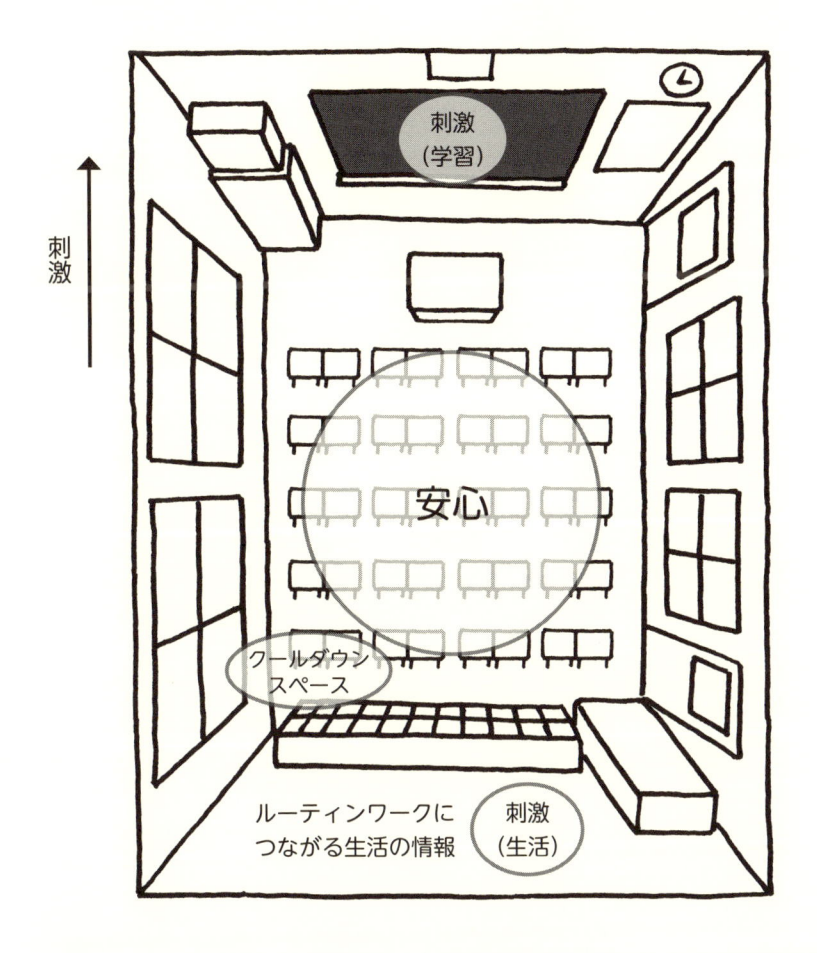

教室図：
- 刺激（学習）
- 刺激
- 安心
- クールダウンスペース
- ルーティンワークにつながる生活の情報
- 刺激（生活）

学習ファイル、当番表、宿題提出ケースが配置された背面

心が和らぎ集中できる教室環境づくり　53

ポイント2　個人空間と共有空間を構成する

①個人スペース・共有スペースを意識させる

　個人スペースは、個人管理となるので、自分一人で整理整頓し、持ち物の管理をする空間です。自分自身で守られている空間であると同時に、自己責任を負う空間と言えます。自分の机の上や机の中などがこれに当たります。

　一方、共有スペースは仲間との共有管理となるので、共有するメンバーと協力し合って整理整頓し、持ちものの管理をする空間となります。こちらは、他者との関わりの中で共有して管理を成立させていく部分です。共有ロッカーなどがこれに当たります。

　それぞれの場が果たす役割がここにも見られます。個人スペースは、個人を意識することで、他人のものは勝手に触らないなどのルールの定着ができます。また、共有スペースは、友だちと共有して使うことで対話が促され、友だちを意識し、よりよい関係性をつくっていくなどの経験が積み重ねられます。これら、個人・共有の場を意識し大切にとらえていくことは、自他の尊重につながっていくことになります。

②座席の配置の工夫

　個人空間と共有空間は、教室の座席配置の仕方によっても効果的につくり出されます。

　　ペアの形　　　…板書を共有しやすい空間
　　グループの形　…グループの意見を共有しやすい空間
　　コの字の形　　…クラス全体の意見を共有しやすい空間
　　個人の形　　　…他者からの刺激を受けにくい空間

学習、生活のそれぞれの場で、目的に応じて選択できます。「アの形にしよう！」「次にイの形にしよう！」という具合に指示を出します。すると、子どもたちにパターンが伝わり習慣化します。また、こちらの指示の前に、子どもたちから「○の形にしてもいいですか？」と要求がおこることがあります。その一言で、子どもたち自身が一つひとつの座席配置の良さを知り、目的意識をもって課題を進めようとしていることがわかります。

ポイント3　いらない刺激をなくし、見せたいものを強調する

　教室で、子どもたちが刺激を受けやすい環境要因として、目に見えるもの、音、におい、光などが挙げられます。子どもによって、また、その日の体調によっても、受けやすい刺激の種類や影響のあらわれ方はさまざまです。予想できるマイナス要因はできる限りなくしていく方向で手だてを考えていきます。特に、多くの子どもにとって、教室の音や視覚に入るものの影響は大きいです。学級で、静かにすることの大切さを共通理解したり、日常の掲示物は淡い色調を中心に作成し目立ちすぎを防いだりして、落ち着いて過ごせる環境（安心）をつくっていきます。

　安心できる環境のもと、板書を中心に、子どもたちに注目させたい点（刺激）を示していきます。このとき、視覚物の面、線、色の組み合わせで、**強調させたいところを示したり、色や形のマッチングでパターンをつくったりしながら視覚化する**ことがポイントです。

●子どもの集中が集まりやすい配置

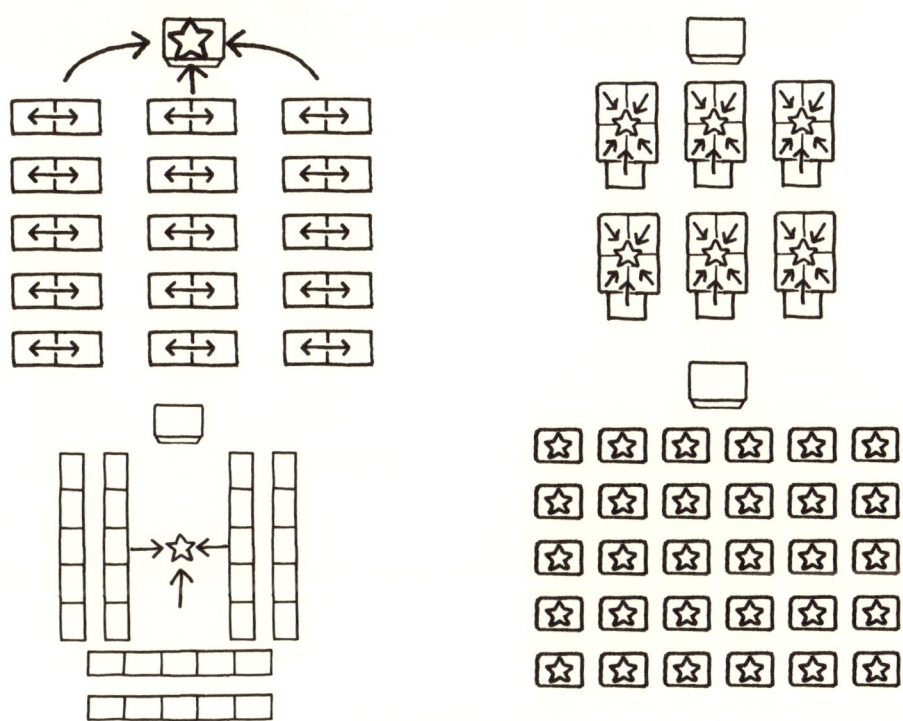

「☆」に集中しやすい

●視覚物の面・線・色の組み合わせ

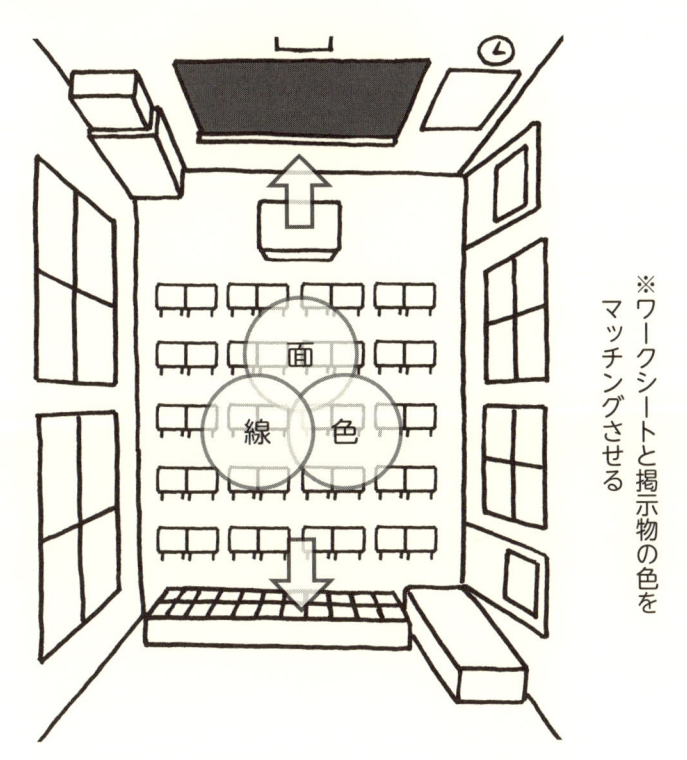

※ワークシートと掲示物の色をマッチングさせる

心が和らぎ集中できる教室環境づくり

09:00 "子どもを成長させる" 忘れ物指導

刺激 25%
安心 75%

忘れ物の指導は、教科指導と同様、子ども理解と指導内容を明確にすることが欠かせません。
子どもやクラスの実態を把握した上で、子どもたちの生活をちょっと変える本質的な指導を考えましょう。

　子どもが忘れ物をした時の関わり方は大きく二つに分けられます。一つ目は、目の前の子どもたちを、忘れ物をしない子へと成長させるための指導です（**ポイント1、2**）。二つ目は、忘れ物をしてしまった子もスムーズに学校生活を送ることができるようにする支援です（**ポイント3**）。
　この二つの関わりは、共通するところもありますが、それぞれ目的が違います。何を目的にしているのかはっきりと意識して子どもに関わることが大切です。

ポイント1　忘れ物をするのには"わけ"がある

　忘れ物指導で何より大切なのは「忘れ物をするのには"わけ"がある」という視点です。計算が苦手な子や漢字がなかなか覚えられない子と同じように、忘れ物をよくする子は、物をきちんと準備してもってくるという行為のどこかでつまずきがあるのです。
　時間割表や連絡帳を見ながら持ち物を準備する時、どこまで準備していたか途中でわからなくなってしまう子がいます。教科によって持ってくるものが変わることを理解できていない場合もあります。そもそも次の日の準備をする習慣がついていない子もいるでしょう。
　「今日もまた忘れたの!?　明日は忘れ物をしたらダメだよ。わかった!?」と言ってしまうことがあります。でもこれを**計算の学習に置き換えると「ここも計算間違えたの!?　次は正確に計算しないとダメだよ。わかった!?」と子どもに言うのと同じ**です。これでは、子どもに力をつけるという視点では、何も指導していないことと変わりません。教科指導と同じように、目の前の子どもが忘れ物に関してどこまでできているのか、何ができないのか、例えば、準備の仕方をきちんと教わっているのか、家庭環境に問題はないか、特別支援教育的な手だてが必要なのか……など、忘れ物をしてしまう"わけ"とその背景を理解しなければ適切な指導はできません。
　忘れ物の"わけ"を子どもと一緒に探し、その子にぴったり合った方法や習慣を考え、身につけさせていくことが何よりも大切です。そして、子どもの実態を理解した上で、子どもの生活の仕方を変えるのだという意識を持って関わることが重要です。

●その子にあった忘れ物対策を

社会の資料集また忘れたの？　そっか……昨日は何時に学校の準備をしたの？

えっと……今日の朝、学校に行く前にしました

⬇

じゃあ、今日から宿題が終わったらすぐ準備しようね。社会の3点セットはこのふくろに入れてまとめよう

はい！

ポイント2 「一人ひとりの課題」を「クラスの目標」に変える

授業のユニバーサルデザインを目指すための三つの要件の中に「**共有化**」があります。「共有化」は忘れ物指導においても効果的です。中学年以上であれば、「忘れ物」をテーマに話し合いをさせます。子どもたちは、忘れ物をしないためのアイデアを次々と出します。その中から、自分ができそうなアイデアを選んで実践させます。

もちろんうまくいくものもあれば、失敗するものもあります。うまく行かないことは次の話し合いのテーマになります。目指すのはクラスの忘れ物ゼロ。話し合いと実践を繰り返しながら、忘れ物をしない子どもの良い習慣やちょっとした生活の工夫を、クラス全体で共有させるのです。

教師の一番の役割は、「クラスの忘れ物をなくそう」とアイデアを出したり、アドバイスしたりする子をほめることです。忘れ物が減ってきたら、その子はもちろん、アドバイスをした子もほめましょう。忘れ物ゼロにこだわりすぎると、個人攻撃のきっかけになるので、注意が必要です。忘れ物という個人の課題をクラスの目標にすること、つまり「みんなの力」でクラスの忘れ物をなくそうという雰囲気をつくることが何より大切です。

ポイント3 忘れ物をした時のシステムづくり

「でも、忘れ物を無くすのは、現実的には難しい……」確かにその通りです。忘れ物をした子がいる場合には、代わりのものを準備し、学校生活をスムーズに送ることができるようにしなければなりません。「忘れ物をしたから、国語の勉強はしなくていい」とはいきません。

しかし、ここで重要なことがあります。それは、**「忘れ物をしても先生が助けてくれる。忘れ物は大したことではない」**と子どもに思わせないことです。忘れ物をした場合、私のクラスでは、始業前か休みの時間に、忘れ物を連絡帳に書いて見せに来ることにしています。忘れ物を子ども同士で勝手に貸し借りすることもさせていません。授業が始まってから、忘れ物を申告する子がいますが、これも認めません。忘れ物はいけないことであるということを認識させ、「**ポイント1**」の内容を意識しながら子どもと話す時間を必ずつくるようにしています。

以上のことを考慮し、子どもたちにとって、明確でシンプルなルールやシステムをつくりましょう。

ポイント4 家庭との連携も忘れずに

忘れ物を連絡帳に書かせるのは、保護者に伝えるという意味もあります。忘れ物は家庭生活と直接結びついています。家庭と連携した指導が大切であることは言うまでもありません。個別に指導したことも、クラスで忘れ物に取り組んでいることも、どんどん発信して保護者も巻き込み、指導を進めることも忘れてはいけない大切なポイントです。

忘れ物が減ってきたときは、保護者の協力や子どもの成長がみられたときです。この場合も、保護者に伝えましょう。

● 「忘れ物をなくす」はクラスの目標に

> 忘れものをなくすために
> どんな工夫ができるかな？

> 忘れそうなものは
> 連絡帳にメモすると
> いいと思います

> ランドセルに入れたものは
> チェックマーク（☑）を
> つけるといいと思います

● アイデアをクラスで共有する

> ○○さんのアイデアを
> 使ったら、今日は
> 忘れものゼロだったよ！

09:30 クラス単位でできるSST

刺激 50% / 安心 50%

望ましい行動が共有化され、それをほめ合う学級なら、安心して学習を積み上げる事ができます。ソーシャルスキルをクラスにとり入れて（CSST）、みんなのよいマナーからよい学級風土をつくりましょう。

ポイント1 望ましい行動をキャッチ（機会利用型CSST）

CSST（Class wide social skills training）とは、ソーシャルスキルをクラスで教える方法です。このCSSTは授業中や生活場面の子どもの姿をとらえて、日常的に行う事ができます。

例えば発言場面を考えてみましょう。ぴんと手を挙げる子どもがいます。その行動をキャッチするのです。「Ａちゃんの手の挙げ方ぴんとしていて、素敵だった。ちょっとやってもらうから見ていてね」と、よい行動を再現させます。手の挙げ方に**焦点化**し、**モデル化**して教えるという事になります。そして他の子どもに、その行動のまねをさせます。まねをした全員も、もちろんほめます。CSSTは行動し、ほめられて定着する学び方なので、惜しみなくほめるようにしましょう。そして折にふれ、「Ａちゃん方式でしてね」と行動させ、その行動をほめましょう。教師の言葉から望ましい行動を定着させることができ、学級の宝として**共有化**することができるでしょう。

ポイント2 機会をつくって教える（教師提案型CSST）

気になるＢちゃんを学級のスターにしたいという思いを、教師であれば誰でも持っています。だから、**Ｂちゃんがする望ましい行動からCSSTにつなげる**のです。Ｂちゃんをずっと見ていて、これは！　という時がきたら、Ｂちゃんの良い行動にスポットライトを当てるのです。いわば、クラスの子どもにＢちゃんと出会い直しをさせる感覚です。

「Ｂちゃん素敵だった。やってもらうから、見ていてね」とＢちゃんに行動を再現させます。そして今度は学級のみんなにＢちゃんの行動の良かった所を言わせましょう。Ｂちゃんにとって、学級のみんなに認められるうれしい時間となる事でしょう。

さらに、これだけはという**学級全員に伝えたい行動をCSSTで計画的に教える事もできます**。例えば温かい言葉の使い方です。CSSTの始めに劇や語りで「温かい言葉を使わなくて失敗したBAD例」を見せる事で、逆にどう行動すればGOODなのかを考えさせるのです。そして、子どもたちから出てきた考えをスキルとしてまとめ、やはりその行動を全員でやってみましょう。子どもの良い行いをほめるという活動は、日常的に行うべきことです。そこに「その行動を全員にさせる」「その行動をほめ続ける」という味つけを足してみてください。

●クラス全体で良い行動のまねをする

① 子どもの行動を見つける

② のぞましい行動の掲示
（焦点化・モデル化）

③ みんなでまねする
（ロールプレイ）

④ ほめられて定着・
般化する（共有化）

見てない
ときも……

10:00 クラス全体での共有化を実現する席替えアイデア

刺激 50% / 安心 50%

教室の席順をどのようにするかは、子どもたちにとって大きな関心事であると同時に、授業での学びを左右する重要なポイントでもあります。子どもたちがお互いに協力し、主体的に学習に取り組んでいくための席替えについて考えます。

ポイント1　偶然性をどう扱うか

　最近は班でのグループ学習や隣同士でのペア学習が、広く行われています。こういった形態の学習がスムーズに行われるかどうかは、授業のユニバーサルデザインの基本原則でもある共有化を実現する重要なポイントです。しかし、うまく進まないという悩みを抱える教師は少なくありません。このような集団の学びを保障するために、カギとなってくるのが席替えです。
　席替えには大きく分けて二種類の方法があります。くじ引きなどの**偶然性を取り入れた方法**は公平で客観的である一方、結果がランダムに決定されるため、「班によって学力的な差が生じる」「ペアの相性が悪い」という問題が生じることがあります。
　一方、「教師が決定する」「教師と子どもの代表が話し合って決める」といった**偶然性を排除した方法**もあります。様々な条件を考慮できる反面、公平性・客観性を保つのに注意が必要です。
　偶然性をどう扱うかはクラスの状況や担任の指導力によって違いますが、大事なことは、子どもたちの学習に対する前向きな姿勢を促すこと、席順に対して納得感をもって受け入れられるようにすることです。

ポイント2　席替えで配慮すべき事柄とは

　一口に席替えと言っても、そこでは配慮すべきことが多くあります。具体的に挙げると、
①教師の支援が必要な子は、できるだけ前の方にする
②続けて同じ場所・同じメンバーになることを避ける
③ペア学習・グループ学習が成立しやすい席順・グループにする
④視力や聴力など身体的な面を考慮する
⑤不登校気味な子が入りやすいように、出入り口近くの席にする
⑥特別な支援が必要な子の近くに、フォローができるメンバーを置く
　くじ引きなどの手法では、落ち着かない子や視力が低い子を前方にするなど配慮します。事前に子どもたちに告知して理解を求めるとよいでしょう。また教師や代表の子どもが話し合って決める場合でも、どの要素を優先するかという判断に迫られます。その際、この席順になった理由、優先した事柄を明確にし、**担任が席替えの結果に責任を持てるようにしておく**ことが大切です。

● 担任の考えは明確に

> 席がえについて
> ・黒板が見えにくい人は前の方に
> ・同じペアや場所が続かないように
> ・先生の助けがいる人は先生の近くへ

● 名前入りカードの活用

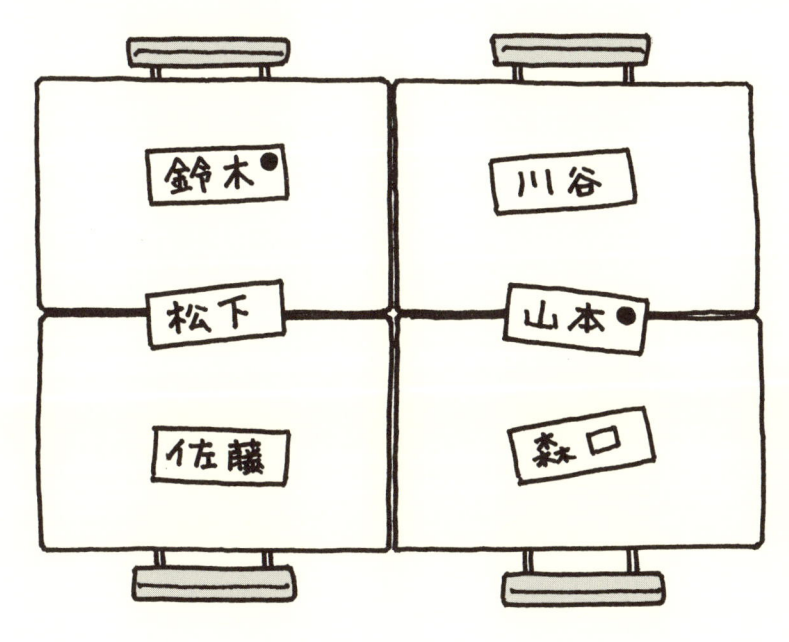

名前を書いたカードがあると便利。視力が低いなど配慮を要する子のカードには、シールを貼ると作業がスムーズに。

ポイント3　くじ引きで決める際の注意点

　くじ引きでの席替えは**公平で客観的であり、子どもたちの納得を得やすい**一方、誰とペアになるか、どういうメンバーの班になるかは、**多くが偶然に委ねられます**。あまり相性の良くない組み合わせになることもあるので、そういった事態をある程度想定した上で学級経営をしていく姿勢が求められます。「新しい単なる集団を、チームに育てていくのは自分たちです」「君たちならともに理解し合い、成長していけると信じています」という教師の思いを、子どもたちに様々な形で伝えるように心がけるとよいでしょう。

　もちろん教師側の思いを伝えるだけでなく、朝の会・授業中・休み時間などでも、様々な手法で子どもたちを「つないでいく」働きかけを行うことも重要です。クラス全体が「つながる」ようになれば、どの子とペア・グループになっても協力できる可能性が高まるからです。

ポイント4　話し合いで決める際の注意点

　くじ引きなどの方法に対して、教師や子どもの代表が話し合って席順を決定する方法は、主に高学年や中学校で行われています。「**席替え会議**」を開いて、様々な意見・情報を聞きながら新しい席順・グループの編成を行います。子どもたちからは「A君とB君は最近よくケンカしてるよ」「CさんはDさんと仲が良いよね」など、教師が知らない情報がいくつももたらされます。こういった情報をもとに、教師は子どもと知恵を絞り、「より良い」席順を決めていきます。

　しかしこの方法は、「なんで私がこの席なの？」「都合のいいように決めてるんじゃないの？」といった**不満を招きやすいという欠点**があります。あらかじめ、ポイント2で述べた基本的な考え方を子どもたちに伝えると同時に、代表の子どもたちが考えて決めたことを信頼し、尊重する態度をクラス全体に育てていくことが求められます。

　また「席替え会議」で特別支援が必要な子について述べる場合は、教師は「**教室内の事実**」に基づいて語るようにします。「ADHD」「自閉症スペクトラム障害」といった言葉の代わりに、「A君は算数でわからないとよく立ち上がってしまうよね」「Cさんは物をきっちり揃えないと気が済まないよね」といった多くの子が知っている事実で語れば、その子のプライバシーを侵すことなく、配慮が必要な事柄について子どもたちと話し合うことができるからです。

ポイント5　学級経営と連動した席替え

　席替えとは、**学級をどのように経営するか、という教師の教育方針そのもの**です。くじ引きで席替えを行う場合、クラスの子どもたちを「つないで」いき、どの子とも協力できる関係づくりが欠かせません。他方、話し合いで決める場合、子どもたちに「君たちが席を自由に決めるためではなく、先生と共に良いクラスをつくるための会議です。クラスのために力を貸してほしい」と語りかけ、子どもたちの自覚と責任感を促さなければ会議は成立しません。

　どの手法を用いるにしても、子どもたちがその席順を納得して受け入れ、周りの友達と協力して学習に取り組めるように、工夫や配慮を重ねていきたいものです。

●話合いで席を決める

●新しい席とグループに慣れる

新しいグループでお互いを知りあうためのワークショップを行うことも効果的。

10:25 仲間づくりにつながるトラブル対応

刺激 20%
安心 80%

「ケンカのない仲良しクラス」を目標にするクラスがあります。でも、子どもたちが仲間づくりを進めていくときに、ケンカが起きることはごく自然です。ケンカを通してクラスの力を高めて、「安心してケンカができるクラス」を三つの安心と一つの刺激をもとに築いていきます。

ポイント1　自由な発言や表現ができる

　子どもたち一人ひとりにあるそれぞれの思いや気持ち、その自己主張のぶつかりあいが、ケンカとなって現れます。**クラスとして、それぞれの子どもが自分それぞれの思いを表現できることは大切**です。例えば暴力をふるいがちな子どもは言葉での表現が苦手なことが少なくありません。その子どもの表現を待ってあげる子どもたち、それを保障する教師の存在が、クラスには必要なのです。

　きつい言葉を使ってしまう子どももケンカの一因となります。自由な発言や表現を大事にするとはいえ、「その言葉では気持ちが伝わらないよ」「こんな風に言うとわかってもらえるよ」と伝えていくことが大事です。その場面では、ケンカの原因となった子だけに直接指導するのではなく、相手の子どもや周囲の子どもも含めて、「みんなで納得して進める」ことが大切です。

ポイント2　互いに関心を持つことができる

　学年を問わず、クラス内の出来事に気づかない子は意外と多いものです。自分のことに夢中になる、事の大事さに気づかない、などが原因のようです。同じ教室でもめごとやケンカが始まった時、意識を向けられるようにしたいものです。

　そのためには、**普段からクラス内の出来事を子どもたちに返していく場面を持つことが必要**です。「クラスのボールが見当たらない」「○○さんが泣いていた」など情報を共有できる機会を増やします。帰りの会でも、子どもの言葉や教師の投げかけから振り返りを共有します。急を要する場面では、すぐに子どもたちに語りかけて、「大事なことだ」と印象づけます。

　そうした共有の積み重ねにより、ケンカが起きた時に周りの子どもたちが意識を向けるようになり、互いに働きかけるようになります。低学年でも、ケンカをしている子どもを離そうとしたり、二人の間に身体を入れたりして「自分たちでケンカを終わらせよう」と働きかけるようになります。「ケンカを止めようとしてくれた友だちがいるのはうれしいよね」と言葉にすることで、実感が深まります。ケンカをしてしまっている子どもも「終わらせたい」と感じているときには、友だちからの関わりに助けられることも多いのです。

●互いに発言し聞き合える関係

わたしは……

おにごっこしようよ

外であそぼうよ

ドッジボールがいいなあ

●互いの関心を高める

まって……

すぐに意識を向けられるクラスへ

仲間づくりにつながるトラブル対応　67

ポイント3　教師が見守っていることが実感できる

　ケンカの場に教師がいると、子どもたちはそれぞれの立場で教師を意識します。「先生、ケンカが起きているよ」「先生、止めてくれるかな」と周囲の子どもたちが教師に視線を送ります。ケンカの当人も「あ、先生がいる。このままをケンカを続けても……」などと意識します。
　そんな時、状況にもよりますが、**教師はすぐに仲裁せず見守ることが大切**です。見守ることは「自分たちで解決してみなさい」というサインとなります。子どもが普段から「見守られる」ことに「安心」と「緊張」を感じることが大切です。子どもは「正しいことをしたときに、認めてもらえるはず」「ケンカになってしまった。やめたいけれど……」という気持ちで行動します。
　おさまった時に、ケンカをした子から事情を聴き、ケンカの原因を明らかにします。その中で、「そこまでの気持ちはよくわかるよ」と共感したり、「でもそこは良くなかったよね」と課題点を確かめたりします。同時に、**周りで良い働きかけをした子どもを認め、価値づける**こともまた、クラスづくりにおいて重要なことです。
　こういった指導を繰り返すことで、教師がいない場面でも子どもたちは自己解決を図ろうと行動するようになります。

ポイント4　緊張を感じ、価値観を共有する

　ケンカのみならず、クラスで大きな出来事が起きた後の全体の場においてこそ、教師の価値観が問われます。教師が「今回の出来事で何が大切」で、「今後クラスでどうするか」をはっきりと伝える必要があります。「暴力をふるわない」「その言葉は使わない」という制限だけでなく、「今日、良かったこと」「次に起きたら」という肯定的な価値づけで、今後に「ケンカ」を活かします。
　本人たちが十分に納得する支援の後に、**ケンカをした子どもたちが自分の言葉でクラス全体に話すことも良いこと**です。ケンカを踏まえて前向きに進んでいける、という印象を与えるとともに、第三者的な立場をとる子どもにも、出来事を共有する「緊張感」を求めます。
　「関係ない」と振る舞う子どもにも「みんなで共有するべき大切なこと」であると伝えます。個別に「同じようなことはないかな」「自分だったらどうだろう」と実感を伴う問いを投げかけることも必要です。ケンカをなくそうとするだけでなく、「全員が自分のこととして考えてこそケンカのないクラスになれる」と言いきり、緊張感を持った雰囲気を保って話を終えます。
　教室でケンカは起きます。ケンカは「互いの関わり」や「自由な表現」を行う際のルールや配慮を学ぶ機会です。そのためにもケンカが起きたら早期解決を図ります。「ごめんね」「いいよ」で終わらせず、「自分の何がいけなかった」「これからはどうしたらいい」を本人に語らせ、それを踏まえて子どもたちが互いに伝えあい、今後へとつなげていきます。そのためにもケンカの後にじっくりと話を聞くだけでなく、普段から教師と子ども、子ども同士が対話する機会を意識的に増やし、互いの距離を縮めることが大切です。教師は子どもと何気なく話し、耳を傾けることで、気持ちの持ち方や表現の仕方などの小さな成長をみとり、認めます。
　「子どもが安心してケンカができるクラス」をつくることが、「ケンカをしなくてもいい子ども」を育て、「ケンカが起きても、自分たちで解決できるクラス」へとつながっていきます。

● すぐに仲裁せず、見守ることも大切

「ケンカをはじめちゃった」

「先生、見てるやめたいな……」

● 今後につながる解決へ

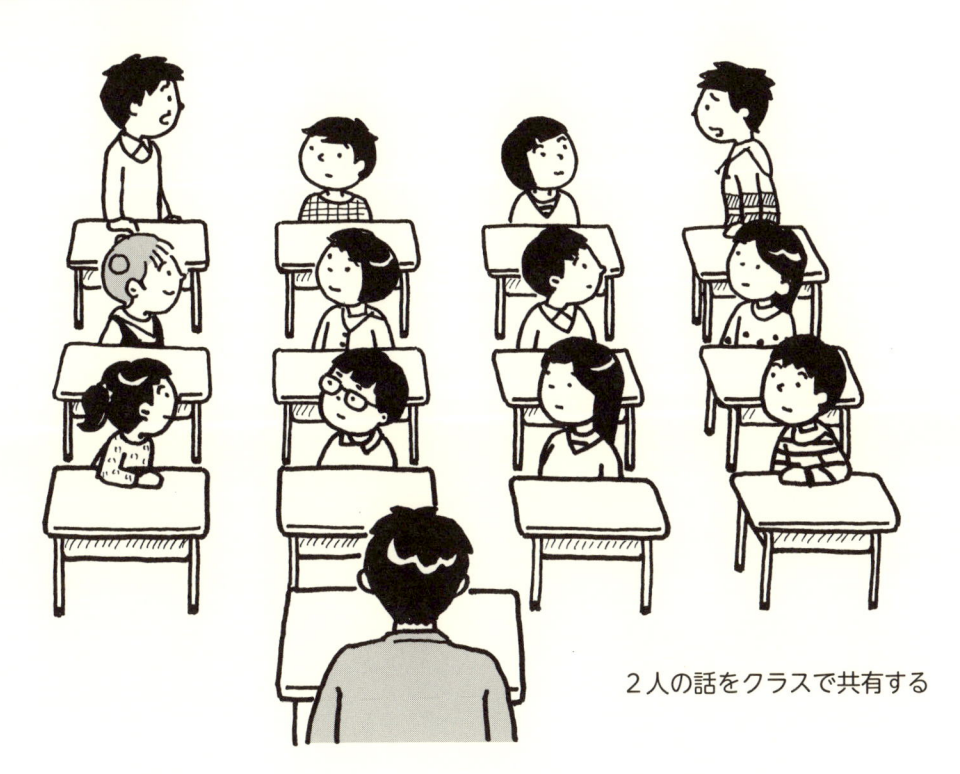

2人の話をクラスで共有する

10:30 一体感を高める雨の日の休み時間

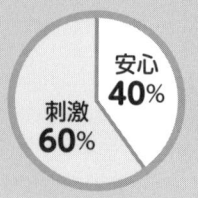

雨の日の休み時間は、多くの子どもが教室の中にいるということをプラスにとらえましょう。子ども同士がつながるきっかけを、遊びという刺激でつくり出し、クラスの一体感を高めましょう。

刺激60％　安心40％

ポイント1　みんなが教室にいることをプラスに捉える

「外に遊びに行きたいのに外に行けない……」「静かに本を読みたいのに、教室にたくさんの人がいてうるさい……」。雨の日の休み時間は、一歩まちがえるとストレスに溢れた時間になってしまうことがあります。**雨の日の特徴は、過ごす場所の中心が教室になり、普段よりもたくさんの子どもが教室にいる**ということです。そのことをプラスにとらえ、子どもたちの関わりを重視した遊びで、エネルギーを発散させながらクラスの一体感を高めることもできます。

例えば、チームづくりを意識した遊びをして休み時間を過ごす方法があります。まずは四、五人の小集団でチーム対抗の遊びをします。具体的には、積木ブロックをより高く積むゲームや、授業で行った「同じ部首の漢字集め」ゲームなどです。チーム対抗にすることによって子どもたちはおのずと必死になります。必死になるからこそ、役割分担をするようになり自然な関わりが生まれます。子ども同士の雰囲気がほぐれてきたら、次に「ネームコール」や「震源地を探せ」など、クラスみんなで行う遊びをします。「ネームコール」では下の名前で呼んだり、呼ばれた右隣の人が立ったりと変化を加え難易度を上げることで、遊びに刺激が生まれます。

ポイント2　遊びをしかけて、広げて、増やす

子どもたちは友だちとの関わりを求めています。しかし、自分から友だちに「遊ぼう」と声をかけることができる子ばかりではありません、きっかけを待っている子どもが教室の中にいるかもしれません。そこで、**最初は教師が遊びをしかけていきます**。「今からドミノをするからやりたい人おいで」という具合です。全員が参加することが望ましいですが、中には遊びを強制されると抵抗を感じてしまう子どももいるので、無理に参加は求めません。参加してもしなくても良いという自由度を持たせることで安心感が生まれます。楽しい所に人は集まるので、「やっぱり仲間に入れて」ということもよくあります。楽しい遊びは自然と広がります。

最初は教師がしかけた遊びを、徐々に企画・運営を子どもに任せていくと同時に、遊びのバリエーションも増やしていきます。例えば、教室の後ろの黒板に遊びコーナーをつくり、そこに遊びの種類を書いていき、新しい遊びが生まれれば書き足します。遊びが増えていくうれしさと、次の雨の日は何をしようかなというワクワクが生まれ、雨の日を楽しみにするようになります。

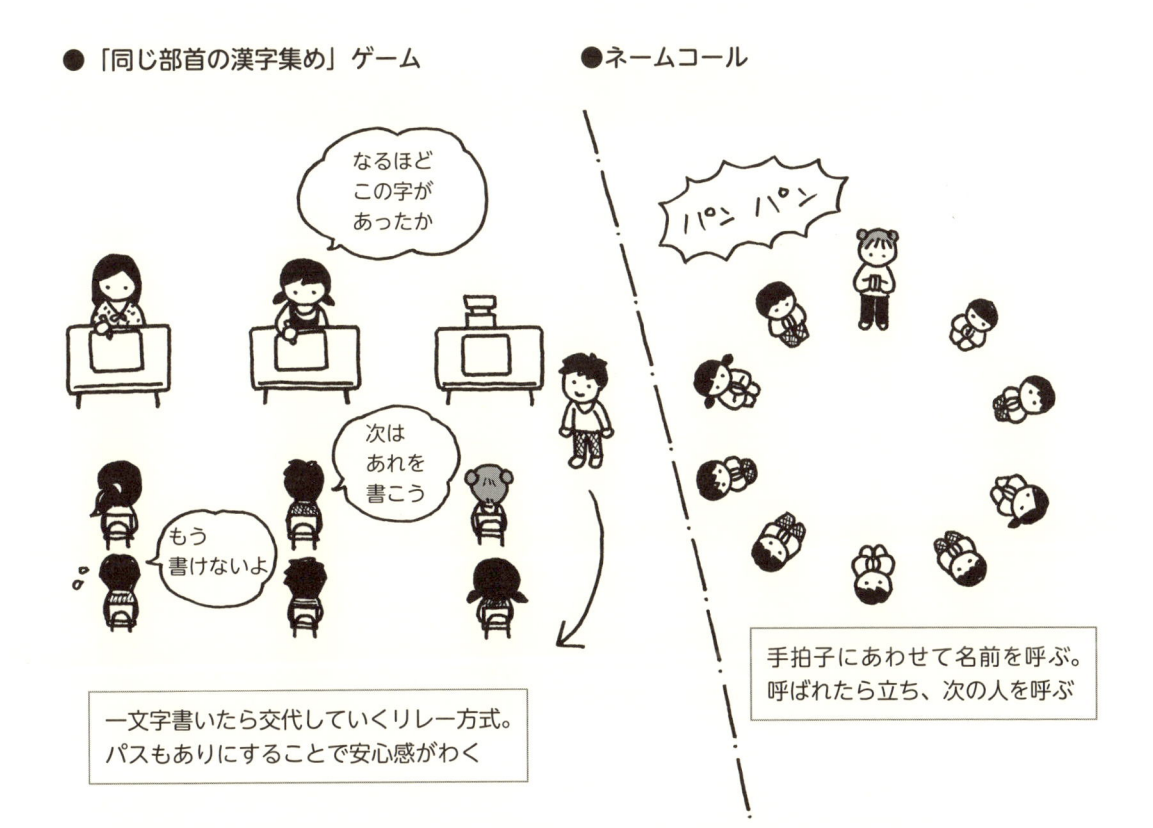

● 「同じ部首の漢字集め」ゲーム　　●ネームコール

なるほど
この字が
あったか

次は
あれを
書こう

もう
書けないよ

パン パン

一文字書いたら交代していくリレー方式。
パスもありにすることで安心感がわく

手拍子にあわせて名前を呼ぶ。
呼ばれたら立ち、次の人を呼ぶ

●背面黒板で遊びのバリエーションを

次の雨の日は
何して遊ぶ？

授業でやった
漢字ゲームが
おもしろかったから
加えよう

雨の日の遊び
ネームコール
ドミノ
震源地をさがせ

一体感を高める雨の日の休み時間　71

13:00 つながりを深める全員遊び

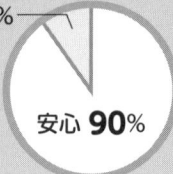

刺激 10%
安心 90%

全員遊びとは、昼休みなど長い休み時間に、週何回かクラス全員で遊ぶことです。しかし中には、自分の時間を自由に過ごしたいと思っている子どもがいることも確かです。そこで全員が全員遊びに納得しつつ、楽しみながら過ごす取り組み方を考えていきます。

ポイント1　全員遊びはクラス全員の納得を共有する

　全員遊びは原則としてクラス全員参加です。高学年になれば様々な委員会活動も入ってくるので、休み時間も忙しく過ごすことが多くなります。そのような特別な場合を除いて、**基本的には全員が参加できるようにします**。そのためには、全員遊びを企画する係活動として取り組む方が望ましいです。その中で、全員遊びをする曜日や回数を決めておく必要があります。

　具体的な決め方としては、「週何回？」「何曜日？」「もし全員遊びの日が休みの日になったら、代替えはする？　しない？」「雨の日の全員遊びは何をする？」などです。ここでクラス全員の納得を共有しておかないと、中には強制的にやらされていると考える子どもも出てきてしまいます。全員遊びをすることは、基本的にクラスでの話し合いをもとに進めることが前提となります。まさにクラスづくりそのものと言えるでしょう。

ポイント2　教師は全体の調整役を意識して参加する

　教師の役割は何でしょうか？　基本的には**子どもたちの話し合いで決めたことに教師も合わせて参加する**ことが絶対です。フレッシュ先生、ベテラン先生に関係なく教師は必ず参加し、子どもたちの中心的な存在になることで、教師とともに遊ぶことの楽しさや、友だちとともに体を動かして遊ぶ気持ち良さを味わわせるのです。

　また、教師は最初に運動場に出るくらいの勢いや元気の良さが必要だと思いますが、時には最後に教室を出ることをしても良いと思います。中には、給食を食べるのが遅かったり、気持ちが乗らなかったりする子どももいます。そんな時は教師がその子どものそばに行き、一緒に運動場に出るのです。

　教師はクラスの子どもたちとつながるチャンネルを増やすことが大切になります。全員遊びを子どもたちだけに任せず、全員遊びの良さや楽しさを教師と子どもが共に感じることが、長続きする秘訣です。

●全員が納得する話し合いを

○月 ×日
あそび係
週三回…月水金
フリータイム

「月曜日がお休みだったらどうするの？」

「その時は火曜に振り替えたらどうですか？」

●状況に応じて教師は動く

ガラガラ

「先生、早い！」

「あそびにいかない？」

つながりを深める全員遊び 73

ポイント3 遊びのバリエーションを増やそう！

例えば、以下のような全員遊びが考えられます。

運動場での遊び：①ドッジボール②けいどろ③巴（ともえ）鬼ごっこ④ボールゴール⑤缶けり
⑥大縄⑦サッカー⑧キックベース⑨中あて　など

③巴鬼ごっこ
1．三チームに分かれます。（例：三色：赤、青、黄）
2．赤は青を捕まえ、黄に捕まえられ、青は黄を捕まえ、赤に捕まえられ、黄は赤を捕まえ、青に捕まえられます。このように、三組を決めます。
3．各チームのメンバーは、それぞれの陣地に入って合図を待ちます。
4．合図と共に、各チームは、捕まえるチームの人を追いかけタッチし、同時に捕まえられる人からはタッチされないように逃げます。
5．タッチして捕まえることができた人を、自分の陣地に連れて行きます。
6．捕まっていない人は、敵にタッチされないように、捕まっている人にタッチできれば、捕まえられた人は逃げることができます。
7．時間を決めて、時間内に多くの人を自分の陣地につなげたチームが勝ちます。

④ボールゴール…ハンドボールとフラッグフットボールを合わせた遊び
1．二チームに分かれます。（一チーム10～15名ほど）
2．それぞれのゴールキーパーを一人決めます。（サッカーのゴールキーパーと同じ）
3．ボールは手に持って走ります。（ラグビーと同じ）
4．タッチされると止まり、味方にパスをしなければなりません。（前パスのみ可）
5．ゴールから1～2m離れたところからのみシュートします。（線からはみ出ると相手ボール）

教室での遊び：①フルーツバスケット②クイズ大会③ピカゴロ④カラオケ大会
⑤新聞紙じゃんけん⑥ダウトを探せ　など

③ピカゴロ
1．一つの円をつくります。（男女混合のほうが面白い）
2．鬼を一人決め、円の中で目をつぶってピカピカピカと言い、同時にボールを時計回りに回していきます。次にゴロゴロと言うと、反時計回りにボールを回します。
3．鬼がドカンッ！と言うと、その時にボールを持っていた子どもが鬼になります。
4．罰ゲームをします。（歌やダンスなど、クラスの雰囲気に合わせて設定）

⑤新聞紙じゃんけん
1．新聞紙を一枚広げた上に二人組が立ちます。
2．どちらか一人が、教師とじゃんけんします。
3．子どもがじゃんけんに負けると、新聞紙を半分に折ります。（勝ったらそのままです）
4．落ちないように、抱き合ったり、つま先で立ったりします。（安全に十分注意）
5．最終的には、最後まで残ったチームの勝ちになります。

●巴鬼ごっこ ●ボールゴール

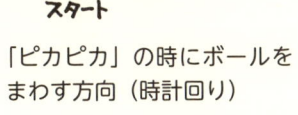

●ピカゴロ 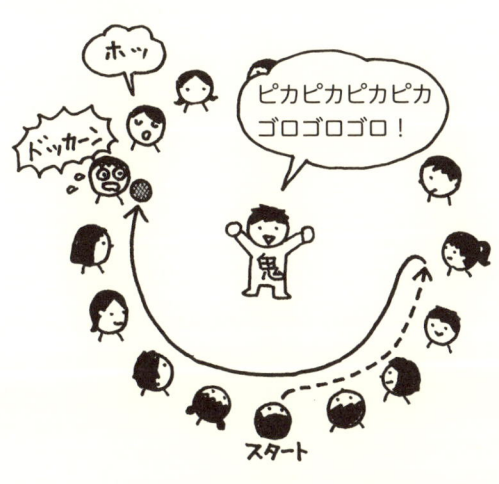 ●新聞じゃんけん

ひとりぼっちを つくらない休み時間

13:05

刺激 10%
安心 90%

クラスにおける「仲間づくり」「集団づくり」を考える上で、教師が抱える悩みの一つが、教室でひとりぼっちになっている子どもへの対応です。子どもの心に寄り添い、共に悩みながら、子どもが安心して仲間とともに歩める学校生活を目指します。

ポイント1　子どもの状況を正確に把握する

　孤独であることは、とても辛いことですし、その本当の辛さは、ひとりぼっちになっている子どもしかわかりません。ひとりぼっちが続くことで、学校が嫌になり、不登校につながってしまうこともあります。だからこそ、教師は子どもたちの輪の中から離れがちな子どもがいれば、すぐにでも戻れる方法や、自然に友だちと関わりをもてる「きっかけ」はないだろうか、と考えるのです。

　しかし、ひとりぼっちになる原因は様々であり、人の心や気持ちに関わることでもあるので、簡単には解決しないことも多く、ケースに応じた支援や配慮が必要となってきます。このような時に、教師がまずしなければならないことは、**ひとりぼっちになっている子どもが置かれている状況を可能な限り正確に把握する**ということです。情報が少ないまま、安易な言葉で子どもを励ましたり、集団の中に戻そうとすることは、逆に子どもを傷つけてしまったり、教師への不信につながることになるからです。子どもが何を感じ、何を悩んでいるのか、そしてその原因はどこにあるのかを知ること、それがひとりぼっちになっている子どもと関わりの第一歩です。

ポイント2　子どもをしっかりと観察する

　子どものことを知るためには、子ども本人から直接話を聞くことが大切です。しかし、その前に必ずしなければならないことがあります。それは、**子どもの学校での生活をじっくりと観察すること**です。ひとりぼっちになるのが休み時間だけなのか、それとも他にもそういう場面があるのか、授業中やランチタイム、掃除の時間や登下校時などの様子を観察することで、具体的に子どもにアプローチする際のヒントを得ることができます。

　また養護教諭やその子どものことをよく知っている教員、クラスの子どもたち、そして保護者からも、必要に応じて情報を得ることが大切です。特に保護者との連携によって問題が解決に向かうことも多いのですが、保護者によっては、学校での子どもの様子を伝えることで、必要以上に不安を与えてしまいます。また親子関係が良好ではない場合などは、保護者の子どもへの対応が教師の意図しないものになってしまい、むしろ逆効果になってしまうこともあります。保護者への情報の伝え方や伝えるタイミングには注意が必要です。

●ひとりぼっちになっていないか

周りの様子も観察して、必要に応じて気になる子から話を聞くことも。

●保護者との連携

親子関係、担任との関係、子どもの友人関係や保護者同士の関係など、様々な配慮をしながら連絡を。

ポイント3　子どもの心に寄り添う

　なぜひとりぼっちになっているのか、その原因がわかれば対処の方向性も定まってきます。具体的に子どもと関わっていく中で、まず大切にしたいことは、徹底して子どもに寄り添うということです。ひとりぼっちであることや、その理由に直接触れるのではなく、**何気ない会話を通して、子どもの心の中にある思いを汲み取り、共感し、寄り添うことで、子どもの気持ちは変化していきます**。子どもに限らず、人はありのままの自分を受け止め、その思いに共感してくれる存在が一人いるだけでも、安心感をもち、前を向いて生きていくことができるものです。

　ひとりぼっちで元気のない子どもに、無理に気の利いた言葉や、励ましの言葉を語ろうとする必要はありません。子どもと同じ空間で、何も話さなくても、「先生はいつもそばにいるよ」というメッセージを、何らかのかたちで伝え続けることができれば、子どもは必ず心を開いてくれるようになります。

　また、教師の力ではどうすることもできず、子ども自身で解決しなければならない課題もあります。子どもがその課題を乗り越えようと努力している時には、黙って見守る勇気も必要です。しかし、その時にも「先生はあなたのそばにいるよ」というメッセージを伝え続けることを忘れてはなりません。

ポイント4　子どもに自信をもたせる

　ひとりぼっちになりがちな子どもは、人と関わることが苦手で、うまく友だちとコミュニケーションがとれず、その結果、クラスのなかでもあまり認められないことが多いのではないでしょうか。決していじめられたり、無視をされているわけでもないのに、運動が苦手であったり、気が弱いために、誘われることが少なくなり、いつの間にかひとりぼっちになってしまうのです。ひとりぼっちになると、もともと自信がないのに、さらに自信をなくし、学校にいることすら辛くなるという悪循環に陥ってしまいます。

　子どもは、誰かから認められることで自信を持ち、元気を取り戻すことができます。例えば、**クラスで何かの役割を担う**こと、具体的には学習活動や係活動などを通して、その子どもの良さや得意なことを友だちやクラスのために活かせれば、それが**子どもの自信になり、他の子どもたちからの評価にもつながっていきます**。

　また、**教師が意図的にその子どもの良さにスポットライトをあて、クラスの中で紹介したり、ほめることで**、子どもに自信を持たせるだけでなく、その子どもに対するクラスの子どもたちの見方も変わり、新たな子ども同士の関わりやコミュニケーションが生まれてくることにもなります。さらに、状況にもよりますが、リーダー的な子どもや、コミュニケーション能力の高い子どもが、ひとりぼっちになっている子どもに声をかけたり、遊びに誘うなど、何らかの関わりをもつようにする工夫も、特に低学年では有効ではないでしょうか。

　どの子どもにも、必ず良さがあります。その良さを発見し、それを伸ばす。そして、それを活かす道を自然なかたちで準備してあげることが、大切な教師の役割です。

● 教師が子どもの一番の理解者

日々の学校生活で子どもに共感し、寄り添う。

● 子ども同士を信頼でつなぐ

ひとりぼっちをつくらない休み時間 79

13:25 やる気が出てくる清掃活動

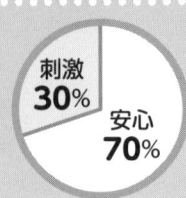

刺激 30%
安心 70%

子どもたちが「今日もそうじがんばろう！」と思える清掃活動を一年間続けることに挑戦してみませんか。安心をベースにして、意図的な刺激を加えることで、子どもたちのやる気を引き出し、自ら動き出す子どもたちと清掃活動を楽しみましょう。

ポイント1　五つのステップで清掃活動を構成する

　シンプルな五つのステップを提案します。①目標の共有②あいさつ③熱中清掃④振り返り⑤あいさつです。どの清掃場所でもこの五つのステップで清掃を進めるようにします。五つのステップを明確にすることによって、清掃の流れを全員で共有することができます。さらに、①目標の共有と④振り返りを設けることによって、清掃に対する自分の意見や思いを伝えることができます。教師がその場にいなくとも、子どもたち自身で、清掃を進めていけるよう、この五つのステップを全員が理解し共有することが清掃のスタートです。

ポイント2　個人で清掃分担を決め、できる限り長期間担当する

　清掃分担区を決める時、**「自分はここを責任もってするから任せてほしい！」とみんなに宣言する**ことが大事です。そして、**その分担区をできる限り長期間続ける**ことが「安心」につながります。分担区を変えるほど、その場に対する愛着もなくなり、きれいにしようという意欲も生まれません。分担区を変えることで得られる刺激ではなく、分担区を長期間担当することによる安心を選びたいです。さらに、分担区を変える時には、その分担区に残って引き続き担当する子も決めます。担任の指導が一からなくても、その子が新しいメンバーに清掃の仕方や約束を説明してくれます。さらにその分担区に対する誇りをも伝えてくれるでしょう。

ポイント3　分担区のメンバー全員で清掃の約束づくり

　「あの子はほうきしかしないし……」「もう終わったし！」こんな言葉を子どもたちが言わないために、分担区メンバー全員での約束づくりが必要です。メンバー全員で清掃の手順を考えたり、役割分担を考えたり、役割のローテーションの約束を決めたりして、**全員が平等感を得られる約束づくりをする**ことが大事です。すべての分担区にあてはまる全体の約束は、学級全体で共有する必要がありますが、その分担区独自の約束も必要です。そして、先生に決められた約束ではなく、自分たちが決めた約束を守ることを促したいものです。自分だけ、あの子だけ、という気持ちが生まれないように、全員が安心・納得して清掃に臨めるような事前指導が欠かせません。

●五つのステップ

ステップ①②
- 今から教室そうじをはじめます
- みんなそろったかな？
- 今日の目標はスピードアップです
- Aチームがぞうきんがけでいいよね？

③熱中清掃

終了後
- はじまる時間に全員そろっていたしいい声がけができていたと思います

ステップ④⑤
- 今日の振り返りをします Aさんの今日の工夫は何ですか？
- あっちのゴミ箱もゴミを捨てたよね？

●全体の約束・分担区の約束

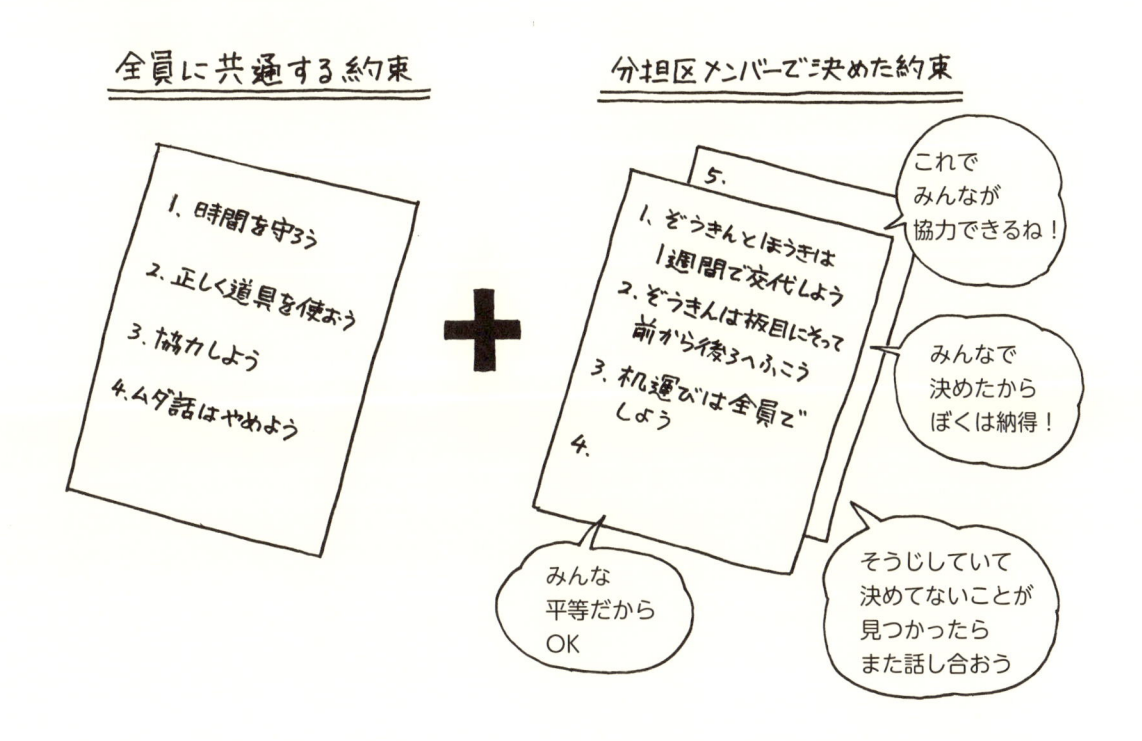

全員に共通する約束
1. 時間を守ろう
2. 正しく道具を使おう
3. 協力しよう
4. ムダ話はやめよう

＋

分担区メンバーで決めた約束
5.
1. ぞうきんとほうきは1週間で交代しよう
2. ぞうきんは板目にそって前から後ろへふこう
3. 机運びは全員でしよう
4.

- これでみんなが協力できるね！
- みんなで決めたからぼくは納得！
- みんな平等だからOK
- そうじしていて決めてないことが見つかったらまた話し合おう

やる気が出てくる清掃活動　81

ポイント4　「スピードそうじ」と「工夫そうじ」

　清掃を二種類に分けて考える方法を紹介します。
　分担区を教室として考えてみましょう。床を掃いたり拭いたり机を送ったりと、必ずやらなければならない行程があるはずです。最低限の清掃を前半として「**スピードそうじ**」と名付けます。この**スピードそうじの目標は「協力による時間短縮」**です。やるべきことをできる限り短い時間でするということです。友だちの動きを見て、先を予想して、声をかけ合って、協力し合います。タイマーで清掃にかかる時間を計ることも、具体的で共有しやすい目標になります。
　そして、スピードそうじを終えた後、清掃終了時間までの時間を後半として「**工夫そうじ**」と名付けます。日頃なかなか手が回らないテレビの裏側、ドアのレール、掃除道具入れなど、**一人ひとりが自分の思いできれいにしたい場所を決めて清掃**し、環境に対して主体的に関わることを促します。このように、前後半で目標を分けることで、清掃にもリズムが生まれます。

ポイント5　意図的に刺激を取り入れる

　清掃の難しさの一つは、マンネリ化してしまうところではないでしょうか。ポイント1のように、五つのステップでルーティン化を図り、安心を生みます。そこに、ルーティンから外れた刺激を意図的に取り入れることによって、楽しさや面白さという刺激を生み、清掃に対するやる気を引き出すようにしてはどうでしょうか。一つの例が、**異学年混合清掃**です。校内のペア学級等を活用して異学年と一緒に清掃する機会を設ければ、互いに清掃の仕方や姿勢について学び合うことができるはずです。
　二つ目の例は、**清掃道具をつくる**ということです。ほうきとぞうきんとバケツというお決まりの道具だけではなく、きれいにしたい場所に合わせた道具を自分なりに考えてつくり、清掃に活かすということも、子どもたちの意欲を高めます。
　他には、**他の清掃を見る機会を設ける**という方法もあります。清掃時間は全員が清掃しているため、他の清掃場所の雰囲気や工夫を知りません。見て学ぶこともきっとあるはずです。
　このように、意図的な刺激を与えていくことが、子どもたちの清掃に対するやる気を継続させていくことにつながります。

ポイント6　たくさんの先生でほめる

　高学年になるほど、清掃分担区は校内に散らばっていきます。担任一人がすべてを見ることは不可能です。**全職員、もしくは学年団単位で教師の分担区を決め、担任以外の先生からも評価してもらえるシステムをつくることも大事**です。先生の移動距離を短くして、多くの子どもたちの頑張りをその場でほめることができるように、先生たちの協力も欠かせません。
　さらに、担任以外の先生からの評価をカードなどに書いてもらい、担任に見てもらうことも考えられます。そうすれば、その子たちは二度もほめられ認めてもらえる機会を得たことになります。その評価が次へのやる気につながるはずです。

● スピードそうじと工夫そうじ

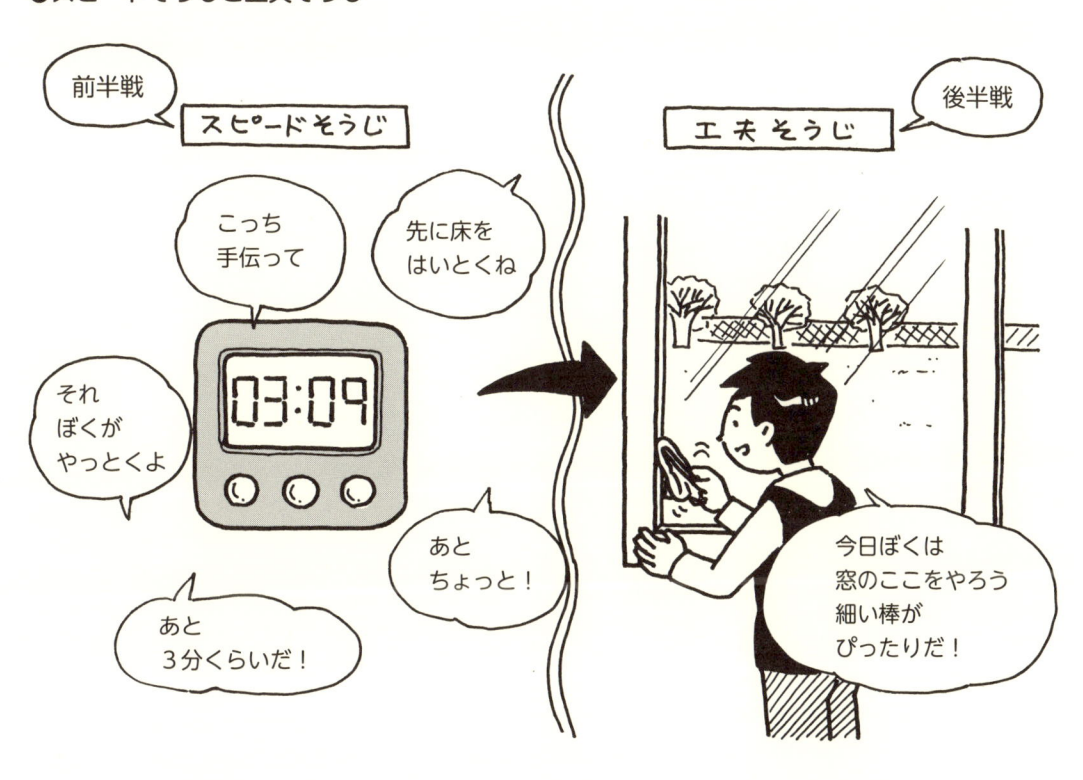

● 担任以外の先生もほめる

15:25 お互いの良さを認め合う帰りの会

刺激 20%
安心 80%

自分はクラスの友だちに認められている、という実感が「自己肯定感」を高めます。一日の終わり、帰りの会でお互いの良さやがんばりを語り合う時間を設け、そのときにやり取りされる称賛の言葉が、クラスの温かい雰囲気をつくります。

ポイント1　子どものがんばりや価値ある行動を紹介する

① 「今日のふわふわことば」
　一日を振り返って、うれしくなる言葉や元気のでる言葉を言われた経験を話す。そして、その言葉をカードに書き、教室に掲示する。

② 「友だちのステキをみつけよう」
　その日の友だちのがんばっていた姿や行動などをカードに書いて発表する。そのカードは短い言葉を添えて本人に渡す。もらった方も一言、言葉を添えて受け取る。

③ 「ホメホメゲーム」
　ジャンケンをして、勝った方から相手を一つほめる。交互にほめ合い、制限時間内にほめることができなかった方が負け。

　これらのコーナーやゲームを通して、「人の良いところに注目することは良いこと」という価値観や教室の文化を育てます。

ポイント2　教師との1対1での振り返りで「認められた感」を高める

　いろいろな取り組みを行っても、クラス全員の名前がいつも挙がってくるということは難しいものです。そのために、次のような活動をしてみることも有効です。
　「帰りの会」の最後に明日の連絡を連絡帳に書きますが、その際に、**「今日のトピックス」**を書かせます。トピックスには、自分自身のその日頑張ったことや、その日見つけた友だちのすてきなところを端的に書かせます。子どもが連絡帳を教師に見せる際、教師はその「今日のトピックス」をもとにその子と一緒に振り返ることで、今日一日を共有します。そして、時にはその日の「帰りの会」では発表されなかったその子のがんばりや、その子が見つけた友だちのすてきなところを、翌日紹介するようにします。
　このような取り組みも合わせて行うことで、クラスでなかなか自分をアピールできない子や、目立たない子の「自己肯定感」、つまり「認められた感」を高めることも大切です。

● ホメホメゲーム

今日の髪型すてきだね！

そのメガネの形かっこいいよ！

● 「今日のトピックス」

○○くんのことよくみてくれたねありがとう！

お互いの良さを認め合う帰りの会

「できそう」と思わせる宿題

刺激 50% / 安心 50%

宿題のやり方がわかる、家でがんばったことを先生や友だちが認めてくれるという安心感。宿題で何をしようと考える、友だちの取り組みを見て友だちの良さに気づくなどのワクワク感。それらが子どもたちのやる気を高めます。

ポイント1　まずは見通しが持てる課題で家庭学習の習慣づくり

　計算練習や漢字練習などの宿題を毎日出すことが多いのではないでしょうか。このような宿題は、一度やり方を覚えると安心して取り組むことができます。そのため、年度初めにやり方のルールを伝えます。毎日どのくらいするのか、いつ提出するのかだけでなく、ドリルやノートの使い方も説明します。その際、クラス全員で一度やってみることで方法を確認します。そして、その場所をもう一度宿題にします。家に帰ってやり方を忘れた子も見返すことができます。

　毎日出る宿題は、慣れてくると手を抜く子どもが現れます。そこで、**宿題のやり方をみんなで見直す時間をつくります**。丁寧に取り組んでいる子どものノートをお手本にして、みんなで宿題をします。その後、取り組んだ部分の小テストを行います。すると、「いつもよりできた」「丁寧に宿題をすれば、全部わかるね」という声が聞こえてきます。宿題が自分の力になると実感することは、子どもたちが宿題を自主的にしようという原動力につながります。

ポイント2　スキル学習にゲーム感覚で取り組む

　スキル学習は単調になりがちです。集中が続かない子の中には、全部やりきれない子もいます。そこで、**課題にゲームの要素を取り入れます**。例えば、国語で一つの単元を終えた日には、「その単元の新出漢字を使った文づくり」を宿題にします。漢字を一つ使えたら1ポイント、音読みと訓読みを使えたら2ポイントなどとポイントを決めておきます。子どもたちはできるだけたくさんポイントを集めようと必死に文を考えます。

　また、算数で3けた＋3けたのたし算を学習した日は、「□□□＋□□□＝800になる計算を考えよう」という宿題を出します。最低いくつ考えるのかを伝えます。「三つ以上考えましょう」と言うよりも「四つも考えるのは先生にも難しいから、三つでいいよ」と言う方が、子どもはやる気になります。きっと次の日、「先生、四つなんて簡単。もっと考えられたよ」とノートを見せにくる子どもが出てくるでしょう。

　たくさん練習することが目的のスキル学習。ゲームの要素を入れることで子どもたちの競争心に火をつけ、楽しみながら取り組むことができます。

● 計算ノートの使い方

日付と計算ドリルの番号を書きます
ノートの一番はじめのマスに①と書きます

①と②の間は1マス
①と③の間も1行あけます

> 4/9 (水) 計算ドリル 1
> ① 23   ② 42
>   +12   +25
>   ──   ──
>   35   67
>
> ③ 14
>   +51
>   ──
>   65

● ゲーム要素を取り入れる

□□□+□□□=800になる計算を考えよう
四つは先生でも難しいから三つ明日出してね

三つならできそうだよ

四つ考えて驚かせよう

次の日

おはよう先生！
昨日の宿題四つなんて簡単だったよ

うわぁすごいね！

ぼくも！みて！

「できそう」と思わせる宿題　87

ポイント3　「自分で選べるの!?」というワクワク感でやる気を高める

　子どもたちは自分で選んだり、考えたりできることが好きです。ですから、**「どんな学習をするのか」を自分で考える自主学習は、子どもたちがワクワクして取り組める宿題です。**

　もちろん、「することがわからない」とならないように説明しておくことが重要です。あらかじめ、いくつかのパターンとアイデアを子どもたちに提示します。授業ノートを見て振り返りを書く、計算や漢字の練習をするなどの「復習型」、3けた＋3けたのたし算を学習した日に4けた＋4けたのたし算に挑戦するなどの「発展型」、自分が興味を持ったことを調べる「追究型」などです。アイデアの一覧を印刷して、自主学習ノートの最初のページに貼りつけておきます。そうすれば、いつでも掲示したプリントを参考にして自主学習を考えることができます。

　一律の課題ではない自主学習だからこそ、個別にアドバイスすることができます。やることが決められない子どもとは、できそうなことを相談します。その日学習した部分の教科書を視写する、好きなキャラクターの名前を書いてカタカナ練習をするなど、具体的にアドバイスをしてもいいでしょう。

ポイント4　家でがんばったことはクラスみんなで認め合う

　宿題を返却すると、子どもたちは真っ先にノートやプリントを見ます。「家でがんばったことを先生はわかってくれたかな」と楽しみにしているのです。宿題をやってくることは当たり前。ですが、**子どもたちのがんばりを評価して、「先生はわかっているよ」とサインを送りたいものです。**ただし、コメントをがんばりすぎないこと。継続可能な取り組みで、子どもたちの自立を促していきます。

　子どもたちのがんばりをクラスで共有することも大切です。例えば、昼食時や帰りの会等にノートを紹介します。丁寧さ、取り組みの量、まとめ方など、ポイントを決めて良さを伝えます。「字は丁寧ではないが、自分の気づきをメモしているAさん」のノートを紹介するとき、「丁寧な取り組みのBさん」のノートと一緒に紹介します。そして、AさんとBさん、それぞれのノートの良さを子どもたちに考えさせます。このような紹介をすることで、丁寧さ以外にも様々な良さを子どもたちに気づかせることができます。

　時には、「全員ノート公開の日」を設けて、友だちの宿題ノートを自由に見られるようにします。いいなと思ったら、付箋にコメントを書いて、そのノートに貼らせます。友だちのノートを見ることで刺激を受け、友だちにコメントをもらうことで自信をつけます。

● 教室の背面掲示

自主学習おすすめメニュー
【復習型】
・授業振り返り日記
・計算しりとり
【発展型】
・家の野菜の観察（理科）
・4けた＋4けたの計算
【追究型】
・友だちのいいところから学びたいこと
・新聞記事で気になったこと調べ

ノート紹介

今日はAさんのアイデアが使えそう

ノートを見て振り返り日記を書くのかぼくは友だちの発言も書こう

● 全員ノート公開の日

まとめ方が上手だな

本当だね

Aさんすごい！考えのメモを書いてるよ

「できそう」と思わせる宿題

16:00 子ども－保護者－教師をつなぐ学級通信

刺激 10%
安心 90%

学級通信は、日々の学習活動や生活を目に見える形として残していくものです。だからこそ、学校生活の様子を心温まるストーリーで伝え、子ども－保護者－教師の心をつないでいくものとして活用したいものです。

ポイント1 学級通信の役割を分類して活用する

学級通信を、どのようにクラスに活かしていけるでしょうか。学級通信を三つの種類に分類しました。それぞれの良さや目的に合わせて組み合わせることを意識すると良いでしょう。

	内容	良さ
①連絡と報告	持ち物や週計画、提出物、係活動、行事の報告、保護者への依頼事項など	一斉に正確に伝えることができる。手元に残る。見通しが立つ。学校の様子がわかる
②学びの共有	自主学習、授業ノート、図工作品、作文や日記、宿題、係新聞など	手本や目標となる。「自分も載せて欲しい」と学習意欲が湧く
③日常生活で光る一コマ	授業の一コマ、休み時間の何気ない会話、清掃活動の様子、トラブル発生から解決・成長までの過程など	良さを再発見できる。学びを再確認できる。担任の教育観が伝わる。クラスの温かな雰囲気が伝わる

ポイント2 具体的なエピソードで教師の思いを伝える

学級通信を書く際に大切なことは二つ、「**エピソード**」と「**それをどう見たか**」ということです。「エピソード」はその時の子どもの様子が伝わるように具体的に書きます。出来事の結果だけではなく、そこへつながる過程を、会話文を使って物語を書くようにすると伝わりやすいかもしれません。「それをどう見たか」という視点で、**直接関わっていない子どもがどのようにその姿をとらえていたか、その後どのような広がりを見せたかも表現できる**と良いでしょう。

例えば、日々困り感を抱えてきたAさんの成功までのプロセスと、周りの子どもたちの関わり。また、自分の思いが上手に伝えられず乱暴になってしまうBくんに、「言いたいのはこういうことだよね」と代わりに説明してくれたCくんと、その後のBくんの変化。いつも一番になりたくて割り込むDさんに「どうぞ」と譲ったEさんから広がった"どうぞと言う文化"などです。

●ベースは子どもを包む教師愛

保護者に教師愛が伝わる
学級通信を心がけて。

●望ましい姿・思いを伝える

ほんとだすごいな

○○ちゃんやさしいね

どうしたの!?大丈夫?

なにかあったの!?

子ども－保護者－教師をつなぐ学級通信

このように、個人の結果を評価するだけでなく、その出来事を通してクラス全体が変容する姿や、みんなにこうあって欲しいという教師の思いを伝え、互いの理解と成長へつなげていきます。

ポイント3　前向きに取り組む姿で課題を伝える

学級通信では、プラス面を中心に書く事が多いでしょう。良い出来事は、保護者や子どもたちにクラスの温かな雰囲気を伝え、クラスがうまくいっているという安心感を与えることができるからです。

しかし実際のところ、毎日うまくいくことばかりではありません。時には、課題を共有したいときや、家庭に協力を得たい時もあるでしょう。**学級通信では課題を伝えることも大切です。**それは、子どもたちが生活を振り返る材料にもなり、今よりもっと成長させたいという教師の熱意も伝わるからです。

しかし、伝え方を間違うと、必要以上の不安や不信感を生み出しかねません。ですから、どのように伝えるかが大変重要です。ここでも、**出来事を一部にとどめず、クラスとしてこの困難をどのように乗り越えて行くかを考えて書く**ようにします。一部の子どもがマイナスの視線を浴びることや、ただ不安を煽るだけのものになってはなりません。書き方に十分配慮した上で、教師自身がその事実を前向きに捉え、活かそうとしている姿勢と子ども自身が伸びようと頑張っている様子を伝えるようにします。

事実をストレートに伝えることだけでなく、困難に向かってどのように取り組んでいるかを知らせ、解決に向けて一歩踏み出したクラスを応援してもらえるように書くと良いでしょう。普段の学級通信もそうですが、課題を伝える学級通信は特に、管理職や同僚に読んでもらい、意見を参考にすると良いでしょう。

ポイント4　様々な材料を学級通信に活用する

毎回出される学級通信が、ただの連絡事項のお手紙として扱われないように、**読む人が楽しみになる工夫**を入れます。例えば、季節や子どもたちの様子を投影する美しい文や詩を載せる、子どもたちの作品や学習ノートを載せる、写真を載せる、パソコンではなく手書きにしてみる、新聞のニュースを取り上げてみる、などです。

学級通信では子どもの様子を具体的に書きますが、**時にはすべてを書かないようにする**のも良い方法です。書き過ぎないことで、親子の会話が生まれたり、教師により深い話を聞きたくなったりすると思います。

こんな工夫を考えることで、その後どんな広がりや反応があるのかを楽しみながら、様々なことにアンテナを張って情報をキャッチしていくという、教師自身の力になっていくでしょう。

●課題に前向きに取り組むきっかけに

●親子の会話にもつながる

「こんなことがあったんだね もっとくわしく教えて」

「えらいね」

「先生 ぼくのことを 見てくれてたんだ」

16:15 仲間づくりを支える日記指導

安心100%

日記指導は多くの教室で取り組まれています。ここでは、授業のユニバーサルデザインを進めるにあたっての仲間づくり、人間関係づくりの観点から、日記指導を見つめ直していきます。

ポイント1　教師と子どもをつなぐコメント

　日記には出来事だけでなく、子どもの気持ちや思いが表れています。それらをとらえて**教師が共感したことについて短くコメント**を書きます。普段の授業とは異なる話し言葉だったり、くだけた表現だったり、はやりの言葉などで書いてみるのもいいでしょう。人と人との心の距離は言葉に表れます。日記の世界での距離感で、子どもとの距離をぐっと近くすることができます。

ポイント2　次の日記へと子どもの気持ちをつなぐコメント

　肯定的なコメントには「先生がわかってくれている」という安心感が備わっています。そこに、「この続きが気になるなあ」「結果がわかったら報告求む！」「今日の日記、最高！　次も楽しみ！」など、**子どもたちが書きたくなるようなくすぐりコメント**が加わると、日記が続き、教師と子どもとの交流も深まります。

ポイント3　子どもどうしをつなぐコメント

　教室で日記を紹介することは、仲間意識が強まる良い方法です。しかし、日記を紹介してほしい子ばかりではありませんし、仲間づくりが育つまでに公開を前提としていると、日記の幅が狭くなることもあります。そこで、コメントで子どもたちをつなぎます。「先週、○○くんも行っていたんだって！」「○○さんも同じファンだって」「○○くんが日記で『ありがとう』って！　うれしいね」など、子どもたちが互いに知り合い、わかり合える手助けとできます。

ポイント4　保護者と子をつなぐコメント

　子どもにとって本来、保護者は最大の理解者であり、最も大切な存在です。**自分の大切な人をほめてくれたり、認めてくれたりする人とは価値を共有できる**と感じて、信頼関係を築くことができます。「お父さん、なんでもできる！　すごいね！」「やさしいお母さん、いいなあ！」と、すべての子どもにとってうれしいコメントを書くことが大切です。

●日記でコミュニケーション

先生のコメント、
いつもの先生とちがうみたいで
おもしろいな
思うことを書いてみよう

ワイルド
だね〜！

先生が
楽しみにしてくれてる！
ピアノのコンクールでがんばって、
いいお知らせがしたいな

そうだったんだ……
知らなかった
今度自分から
話しかけてみよう

先生わかってくれてる！
うちのお母さん
やさしいもの！
帰ったらお母さんに見せよう

仲間づくりを支える日記指導

16:30 保護者対応は子どもの成長を第一に

刺激 5%
安心 95%

「子ども同士のトラブル」を「子どもの成長の機会」にするには、保護者の理解と協力が不可欠です。共に子どもを見守る関係を構築するには、どうしていけばいいのでしょうか。保護者から受ける相談の事例を通して考えてみましょう。

ポイント1 "担任のスタンス"を保護者に宣言する

"保護者対応"という言葉には、"対応のスキル"というニュアンスを感じます。確かにそういう側面もありますが、もっと大切なことは、保護者と担任とは立場は違えども、**子どもの成長を願い喜ぶ気持ちは同じ**ということです。関係が良好な場合は、この大前提がしっかり共有できているのではないでしょうか。年度はじめの学級懇談会などの場で、「保護者の皆さんと一緒に子どもの成長を願い、喜び、見守っていきたい」と、担任の思いを伝えておくとよいでしょう。

さて、学校生活の中でトラブルはつきもの。いくら担任が、「Aさんの保護者とは信頼関係が結べている」と感じていても、トラブルが起こると状況が一変する場合もあります。保護者が興奮気味に連絡をしてくると、担任も身構えそうになります。しかし、**一呼吸おく**ことで、「子どもの成長を願い、喜ぶ担任であること」を、担任も再確認して思い出したいものです。

ポイント2 相談には、即答ではなく一呼吸おこう

Aさんの保護者から、次のような連絡帳が届きました。あなたならばどう対応しますか。

> 先生、授業中にうちの子が隣の席の子（Bさん）からちょっかいをかけられて勉強に集中できないと言っています。何とかしていただけますか。

「一方的な文面だな」と感じ、身構えてしまいがちです。しかし、**担任がマイナスの気持ちのまま返事を書くのは避けたい**ことです。この場合、保護者も我が子の話を聞いて興奮しているようですが、文面からでは読み取りにくいものもあります。教員の返事も同じように、文面では誤解を生む可能性もあります。例えば、一言次のように返します。

> いつもお世話になっております。さて、今朝の連絡帳の件ですが、本日お電話をかけさせていただきたいと思います。よろしくお願いいたします。

連絡帳に即答するのではなく、後ほど電話をかけると良い場合もあります。**タイムラグをつくることで、保護者の興奮も少し落ち着いてきます**。もちろん、後ほどでは間に合わない、即対応が必要な場合もあることは言うまでもありませんから、ケースバイケースです。

●四月の学級懇談会で語りかけておく

> ごいっしょに
> お子さんの成長を
> 願い、喜び、見守る
> そんな親と親そして
> 親と担任の関係を
> つくっていきましょう！

●マイナスの気持ちで即答しない

> 何だか
> 一方的な文面に
> 見えるなぁ……

> 一呼吸おいて
> 「後で電話します」と
> 書いておこう

ポイント3　まず事実確認をする

　次に担任であるあなたがすることは、子どもへの事実確認でしょう。**担任が情報を持たずに、保護者に連絡帳や電話で返事をすることは、「先生、何もわかっていない！」という担任不信につながりかねません。**この事例の場合、子どもたちの話を聞いてみると、授業中Bさんからのちょっかいはあったものの、AさんからBさんに話しかけることも多い、ということがわかったとします。まずBさんに反省を促す指導は大切です。しかしそれはAさんにも必要だったのです。話を一人ずつ聞いたり、二人一緒に話を聞いたりします。

　保護者の理解とは少し異なりましたが、子どもたちを成長させるポイントが見えてきました。

ポイント4　トラブルを成長の機会に！　キーワードは、子ども自身の「納得」

　「自分にも態度を改めるべきところがあったんだな」とAさんが感じ始めたならば、すかさず「今後、自分にはどんなことができそう？（何に気をつけたらいい？）」と問いかけるとよいでしょう。Aさんは、「授業中に私語はしないように、お互いに声かけをしたり自分で気をつけたりしていきたい」などと言うかもしれません。このように、子ども自身が自分を見つめ直し始めたときに、「何ができそう？」と**問いかけ考えさせることこそが、子ども自身を変容（成長）させるための具体的な手だてなのです。**自分の言葉で語ったことには、自覚と責任が生まれます。この"実行に移そうとする姿"こそが子どもの成長です。そこを見取ったらすかさずほめましょう。

　子ども自身が、話し合いの方向性や結論を「納得」していること。これは、他のすべてに通じる「生徒指導」や「保護者対応」の最大のポイントです。

ポイント5　子どもの成長しようとする姿を伝える

　いよいよ、保護者に電話をかけます。伝えなければならないことは一体何なのかを、予めメモで整理しておくとよいでしょう。保護者の気持ちを傾聴しながらも、伝えるべきことに抜けや落ちがないようにするためです。

　では、何を保護者に伝えるのでしょうか。「事実確認で明らかになったこと」でしょうか。それだけでは十分と言えません。その子が何を考え（反省・振り返り）、今後どう変容（成長）しようとしているか、そこを、担任は保護者に伝えたいと考えます。「（成長を信じた上での）子どもへの指導」と「保護者との共有（成長について）」は、まさに一体であると言えます。

　以上のように、**トラブルこそ成長の機会**と考え、**子どもの成長を見つめようとする姿勢**を持っておきたいものです。

　補足になりますが、連絡帳や電話よりも、すぐに家庭訪問をするべき事例も多くあります。そのようなことも含めて、保護者と連絡を取るときは、学年教員や管理職等への「報告」「連絡」「相談」（ほう・れん・そう）が重要であることを付け加えておきます。

●子どもに確認せずに連絡すると……

先生、それは話がちがいます！何もわかっていらっしゃらないのですね！

●トラブルを子どもの成長の機会に

私もよくなかったの
ごめんね……
これからは
気をつけるね

子どもの成長しようとする姿を伝えることが大切。

16:50 子どもの良さを確認する記録の取り方

刺激 20%
安心 80%

授業中や休み時間など、子どもたちの言動をよく見ていたつもりでも、意外に忘れていませんか。そこで求められるのが上手な記録の取り方です。効率よく残せる記録の取り方、子どもたちの良さやがんばりを再認識することができる記録の取り方を考えましょう。

ポイント1　座席表を使って書き込む

　一番有効な手段は、クラスの座席表を活用することです。出席簿に書き込んでいく方法もありますが、授業中の子どもの発言などを書き込む際には、座席表が一番です。まず手始めに子どもたちの住所や誕生日などを書き込みます。そのことで「早生まれが多いクラスだな」「通学時間が長い子どもが多いな」など、**データに基づいた事実から、クラスの子どもたちの実態が見えて**きます。

　次に書くことに慣れてきたら、授業中の発言を書き込むことをお勧めします。最初から発言内容を書くことが難しければ、○や☑など発言した子どもをチェックすることから始めてみましょう。そうすることで**自分自身の指名の癖などが見えてきます**。次時からは、あまりチェックの入っていなかったところを意識して子どもたちを見ることにつながります。

ポイント2　より具体的な内容の記録に変えていく

　最初は気付いたことから書き始めたらいいでしょう。授業中の発言、クラスのみんなに認められたこと、注意されたこと、休み時間の様子、掃除の時間の様子、放課後遊びの様子、連絡帳の内容など。振り返った時に、過去の記述内容と今現在がつながり、より具体的な形として振り返ることができます。

　次に書くことに慣れてきたら、**具体的に書くよう意識**します。「外で元気よく遊んでいた」は「外に一番先に出て、ドッジボールができるように準備をして、チーム分けも率先して取り組むことができた」、「算数の時間にわかりやすく発表できた」は「対応数直線に書きながら、基準量と比較量の関係について上手に発表できた」など、より具体的に書くことで、子どもの姿がより見えるようになります。

　同時に記録の取り方で大切にしたいのが、子どもの何を見るかです。行動面で問題のある子どもは、やはり悪いことの記述が増えてきます。そこで「**いいこと見つけ**」をテーマにします。そうすることで、その子どもの意外な発見につながることがたくさんあります。

● 座席表に書き込む

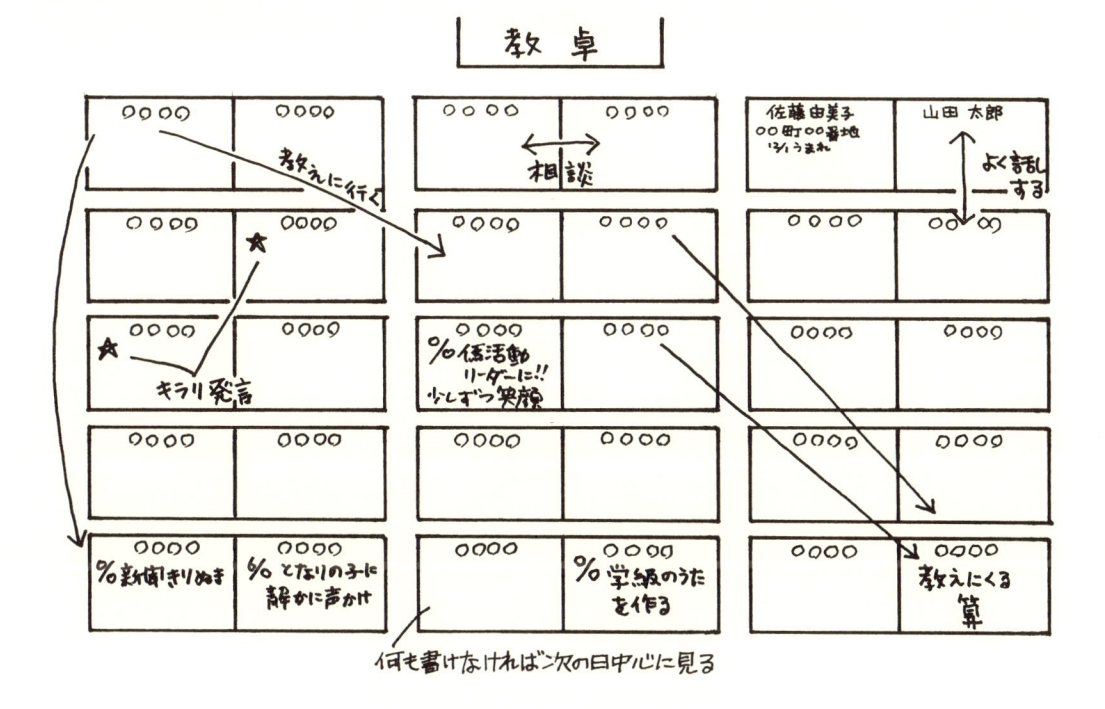

```
                    教 卓

┌─────┬─────┬─────┬─────┬──────────┬─────┐
│○○○○ │○○○○ │○○○○ │○○○○ │佐藤由美子  │山田太郎│
│     │     │ ←相談→  │○○町○○番地│      │
│     │     │     │     │'3/1うまれ │↕よく話│
│     │     │     │     │          │ しする │
├─────┼─────┼─────┼─────┼──────────┼─────┤
│○○○○ │○○○○ ★│○○○○ │○○○○ │○○○○     │○○○○ │
│教えに行く                                 │
├─────┼─────┼─────┼─────┼──────────┼─────┤
│★○○○○│○○○○ │○○○○ │○○○○ │○○○○     │○○○○ │
│キラリ発言│    │%係活動      │          │      │
│         │    │リーダーに!!  │          │      │
│         │    │少しずつ笑顔  │          │      │
├─────┼─────┼─────┼─────┼──────────┼─────┤
│○○○○ │○○○○ │○○○○ │○○○○ │○○○○     │○○○○ │
├─────┼─────┼─────┼─────┼──────────┼─────┤
│○○○○ │○○○○ │○○○○ │○○○○ │○○○○     │○○○○ │
│%新聞 │%となりの子に│%学級のうた│        │教えにくる│
│きりぬき│静かに声かけ│を作る    │        │ 算     │
└─────┴─────┴─────┴─────┴──────────┴─────┘
```

何も書けなければ次の日中心に見る

● できるだけ具体的に書く

「1班と3班は遊具側で、2班と4班は校舎側だよ」

「ぼくたちは向こう側だね」

4/6 ケンジ
外で元気よく
遊んでいた

⬇ 具体的に

6/20 ケンジ
外に一番先に出て
ドッジボールができるように
準備し…

ポイント3　その日のことはその日のうち

　記録はその時に書くのが一番良いです。しかし、そのために小型ノートを持ち歩いたり、座席表をわざわざ持ち歩いたりすることが難しい場合もあります。何といっても不自然ですし、子どもたちからも不審がられる時もあります。

　そこで、**放課後の教室での作業をお勧めします**。職員室だと電話対応だったり学年間の仕事があったりと、自分の仕事以外のものを優先させて取り組まねばなりません。ですから、子どもたちが帰った教室で時間を決めて（最大15分程度）、書きこむ方がよいでしょう。その中で何も書けない子どもも出てきます。しかし、気にすることはありません。次の日はその白紙の子どもたちを意識して見取ればいいのです。

　しかし、毎日となると会議などで時間が取れないこともあります。そこで、休み時間や空き時間などに書く方法もあります。**毎日必ず確保された時間ですので、その中でルーティーンワークとして取り組めばいいの**です。子どもたちの表情を見ながら、時にはあえて子どもたちに話しかけてみた上で書き込む方が、より具体的に鮮明に記録することができるでしょう。

ポイント4　デジカメを使って板書も記録

　私は、毎時間板書を写真に残すようにしています。子どもたちの発言を振り返り、この板書で子どもたちの理解を向上することができたのか、いろいろな角度から振り返るようにしています。またこの写真を取る作業を、子どもたちの当番活動にしています（高学年の場合のみ）。子どもたちは、毎時間、黒板係と連携して「写真は撮ったから消していいよ！」などの声を掛け合いながら作業を進めてくれます。一つの小さな文化ができました。

　板書を写真に記録しておくことで次時の授業が進めやすくなります。子どもたちは自分の発表や考えを振り返りやすく、内容を整理することもできます。また休んでしまった子どもには、その記録をコピーして渡すことができます。私の場合は、基本的にそれを見てノートに書き写すように指導しています。しかし子どもによっては書き写した後で、実際に友だちのノートと見比べ、板書に書かれていない友だちの発言や教師の言葉を書き足しているものもあります。板書の写真と友だちのノートを見比べることで、自分なりに板書の書き方を学習することにもつながります。

ポイント5　記録は子どもや保護者に返していく

　記録を取ることで、より具体的な子どもの姿を見ることができることは前述した通りです。同時に、いつ、どこで、どんなことがあったか、どのよう対応したかをはっきり把握することができます。また、記録したことをもとに、学級通信、学級懇談、個人懇談、通知表の所見欄などに**子どものがんばりや良さ、意外な一面をより具体的な言葉として子どもたちや保護者に返す**ことができます。そうすることが、子どもや保護者との信頼を得ることにもつながります。

● 時間を決めてその日のうちに

● 板書はデジカメで残す

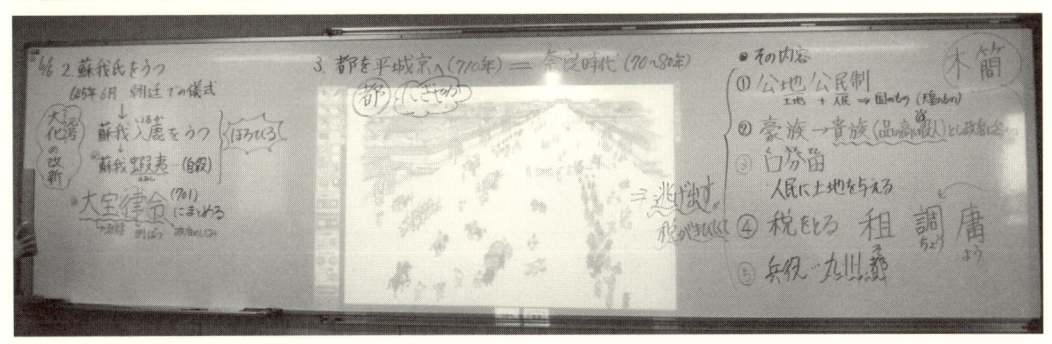

● 保護者に伝える材料にも

●編著者

桂　聖（かつら さとし）
筑波大学附属小学校 教諭

川上 康則（かわかみ やすのり）
東京都立港特別支援学校 主任教諭

村田 辰明（むらた たつあき）
関西学院初等部 副校長

●執筆者

第1章

授業のユニバーサルデザインを支える学級経営	桂　聖（前出）
支援が必要な子どもの輝かせ方と学級経営	川上 康則（前出）
「安心感があって刺激的なクラス」をつくる原則	村田 辰明（前出）
「安心」「刺激」でつくる学級【学級開き編】	木下 幸夫（関西学院初等部）
「安心」「刺激」でつくる学級【学級継続編】	野村 真一（関西学院初等部）

第2章

心を通わす朝の迎え方	山田 麻矢（関西学院初等部）
子どもや保護者とつながる連絡帳	白石 晴子（関西学院初等部）
朝の会① クラスが温まるしかけを	野村 真一（前出）
朝の会② シンプルな健康観察と連絡	関口 真美（関西学院初等部）
心が和らぎ集中できる教室環境づくり	曽谷 敦子（猪名川町立白金小学校）
"子どもを成長させる"忘れ物指導	天野 勝広（京都市立醍醐西小学校）
クラス単位でできるSST	尾﨑 朱（宝塚市立高司小学校）
クラス全体での共有化を実現する席替えアイデア	中西 毅（関西学院初等部）
仲間づくりにつながるトラブル対応	久木田 雅義（関西学院初等部）
一体感を高める雨の日の休み時間	石田 航平（関西学院初等部）
つながりを深める全員遊び	西 健明（関西学院初等部）
ひとりぼっちをつくらない休み時間	福万 広信（関西学院初等部）
やる気が出てくる清掃活動	竹本 晋也（西脇市立重春小学校）
お互いの良さを認め合う帰りの会	元山 一則（関西学院初等部）
「できそう」と思わせる宿題	久保 加奈（関西学院初等部）
子ども－保護者－教師をつなぐ学級通信	坂田 愛（関西学院初等部）
仲間づくりを支える日記指導	久木田 雅義（前出）
保護者対応は子どもの成長を第一に	木下 幸夫（前出）
子どもの良さを確認する記録の取り方	西 健明（前出）

授業のユニバーサルデザインを目指す
「安心」「刺激」でつくる学級経営マニュアル
すべての子どもを支える教師の1日

2014（平成26）年3月15日　初版第1刷発行
2015（平成27）年4月4日　初版第3刷発行

編著者	桂　聖・川上 康則・村田 辰明
著　者	授業のユニバーサルデザイン研究会関西支部
発行者	錦織 圭之介
発行所	株式会社　東洋館出版社
	〒113-0021　東京都文京区本駒込5丁目16番7号
	営業部　電話03-3823-9206　FAX03-3823-9208
	編集部　電話03-3823-9207　FAX03-3823-9209
	振替　00180-7-96823
	URL　http://www.toyokan.co.jp
装　幀	小林 亜希子
イラスト	パント大吉
本文デザイン	株式会社　明昌堂
印刷・製本	藤原印刷株式会社

ISBN978-4-491-03012-8　　　　　　　　　　　　Printed in Japan

授業のユニバーサルデザインを目指す
国語授業の全時間指導ガイド
－特別支援教育の視点をふまえた国語授業づくり－
1年〜6年（全6巻）

授業のユニバーサルデザイン研究会　監修
桂　聖・廣瀬由美子　編著

インクルーシブ教育指向の国語指導ガイド誕生！

- 教科書教材の全時間の板書計画と発問例、教材研究例を掲載
- 全時間における、「全体の目標」と「個に配慮した目標」を明示し、「気になる子への配慮」を記載

本体価格　1・2・5年　2,300円
　　　　　3・4・6年　2,400円

国語科教育に特別支援教育の視点を取り入れ、全員がわかる・できる具体的な指導法を提案する本シリーズ。教材観、単元計画はもちろん、全文掲載で解説する教材の見方、そして毎時間の授業デザインを、板書と発問で見やすく展開！

教科教育に特別支援教育の視点を取り入れる
授業のユニバーサルデザイン

授業のユニバーサルデザイン研究会・桂　聖 他 編著

Vol.6 特集　校内研修・授業研究の進め方　＆　算数授業のユニバーサルデザインを考える

本体価格 1,900円

特集1では授業のユニバーサルデザインの校内研修・授業研究の進め方を特集。実際に学校単位で研究に取り組み、成果を実感しているという公立学校の先生方のお話しから、授業研究の視点、校内研修の様子や研究の振り返り方、そして成果発表の場である公開研究会の進め方まで紹介。特集2では算数授業のユニバーサルデザインを特集。系統性が明確であるからこそ「答え」に執着してしまいがちな従来の授業に対し、解き方を習得し、「数学的な見方・考え方を育む」実践や論理を紹介。授業記録を2本収録。

バックナンバー大好評発売中!!

- Vol.1　全員が楽しく「わかる・できる」国語授業づくり
- Vol.2　「全員参加」の国語授業づくり
- Vol.3　「全員参加」の国語・算数の授業づくり
- Vol.4　「全員活動」の説明文の授業づくり
- Vol.5　「全員活動」の文学の授業づくり

本体価格　Vol.1：2,200円、　Vol.2〜Vol.5：1,800円

東洋館出版社
〒113-0021　東京都文京区本駒込5丁目16番7号
TEL: 03-3823-9206　FAX: 03-3823-9208
URL: http://www.toyokan.co.jp